AF459225

LA VRAIE RICHESSE DE L'ETAT.

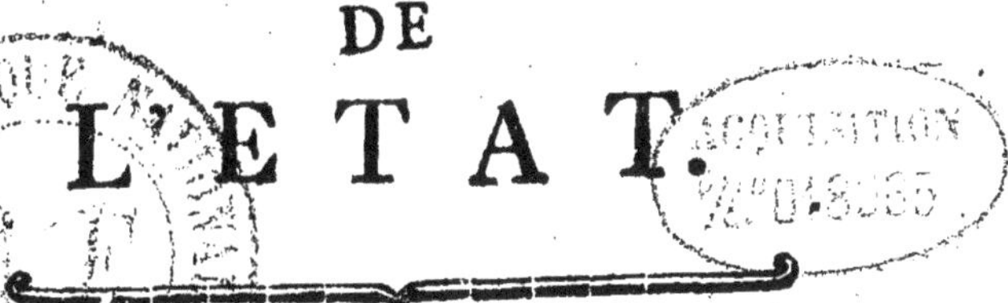

Semper officio fungitur utilitati hominum consulens & societati.

Cic. Offic. 3.

TOME II.

A VIENNE,
CHEZ JOSEPH KURZBÖCK, IMPRIMEUR ILLYR ET ORIENT. DE SA MAJ. IMP. ROY. AP.

1774.

C. Giuseppe Crotti G. C.

Chap. VI.

DE L'INDUSTRIE ET DU COMMERCE, AGENS DU SEUL PRINCIPE PRODUCTIF DE LA VRAÏE RICHESSE DE L'ETAT.

On ne ſauroit bien traiter cette matiére ſans revenir ſouvent ſur les mêmes objets, ſans intéreſſer infiniment dans la diſcution qu'elle exige, l'agriculture & les finances; tout comme il eſt impoſſible de s'occuper de la recherche du vrai ſyſtéme des finances, ſans rappeller les principes qui doivent animer, éle-ver & ſoutenir l'agriculture, l'induſ-trie & le commerce. Toutes les branches de l'administration se tiennent & doivent se secourir mutuellement, si dans l'administration de l'Etat, on suit un systéme général, établi sur de bons principes.

§. I. Principes. Pour apprécier avec exactitude l'industrie naissante d'une grande Monarchie, & lui assigner les vraies causes qui seules peuvent en accélerer les progrès, il est nécessaire de fixer d'abord son attention sur des principes, qui ont presqu'entiérement échappé jusqu'à-présent aux recherches de la plûpart des gens qui ont écrit sur cette matiére.

Nous avons fait de grands progrès depuis 20 ans sur les matiéres politiques. Ils sont tels que peut-être on n'oseroit publier aujourd'hui les *Elémens du commerce*, comme un ouvrage classique. Cependant les premiers principes, ceux qu'il importe le plus de savoir, sont encore noïés dans un Océan de reflexions obscures ou inutiles. C'est un des grands défauts de l'esprit humain, de ne produire d'abord sur toutes sortes de matières, que des idées compliquées, & de ne parvenir aux idées simples, qu'après de longues dis-

discutions & beaucoup d'expériences. C'est-là la principale source des préjugés & des erreurs; & ce qui fait qu'on détruit si souvent d'une main, ce qu'on édifie de l'autre.

Il en est de la science du Commerce, comme de celle des Loix. Ouvrez le Code des loix; tirez-en des loix hors de leur objet, vous en ferez de fausses applications, vous croirez trouver le Législateur en contradiction, & vous tomberez vous-même dans des erreurs infinies. Il en est de même des principes du commerce. Des principes, des maximes, des régles, qui conviennent à une matiére, sont étrangeres à une autre: & des connoissances superficielles de théorie & de pratique font faire dans la science du commerce, comme dans celle des loix, de mauvaises applications, & conduisent d'erreur en erreur.

On estime chez toutes les nations éclairées, le Commerce comme le principal agent qui attire les richesses, en transportant l'argent de l'étranger dans l'Etat. On estime les manufactures comme augmentant quelquefois du centuple la valeur des productions naturelles. Preſque partout on a créé des Conſeils de commerce, qui s'occupent ſans ceſſe à donner une heureuſe activité à ces deux agens de la proſpérité nationale, & partout on a contredit leur marche par des volumes de réglemens. Un tas immenſe de livres ſur le commerce & les manufactures, compoſés ſur d'autres livres, ſont les ſources très-défectueuſes, dans leſquelles la plûpart des adminiſtrateurs du commerce ont puiſé les lumiéres, qui ont dicté une infinité de loix inutiles ou deſtructives. On ne s'eſt pas encore apperçu que la théorie ſeule eſt inſuffiſante pour diriger le commerce & l'induſtrie d'une Monarchie; qu'il faut ajouter à une théorie profonde & refléchie, des connoiſſances exactes & pratiques de la marche du commerce dans le marché général de l'Europe, du commerce & de l'induſtrie des nations étrangères, du commerce rélatif, des finances, & enfin des arts qui aident l'induſtrie à ſe perfectionner & à s'élever.

Tou-

Toutes ces connoissances, indispensablement nécessaires, ne suffiront pas encore à quiconque se propose de prendre part à une administration si intéressante & si précieuse pour l'Etat, s'il ne porte pas sa premiere & sa principale attention sur la source unique de l'industrie & du commerce; s'il ne sçait pas que les arts & le commerce sont les enfans de l'agriculture; s'il ne remonte pas à la charrue du laboureur & à la cabane du berger. C'est de-là qu'il faut partir ensuite pour bien voir l'essor qu'on peut donner à l'industrie & au commerce d'un grand Etat. Celui qui a dit:

Le trident de Neptune est le sceptre du monde (*a*);

a fait un beau vers, mais en même tems une erreur, qu'on a prise généralement pour une grande vérité. C'est la charrue du laboureur qui est le sceptre du monde. Car la charrue du laboureur détruite, le trident de Neptune n'a rien à faire: il sera inuti-

(*a*) Ode sur le commerce qui remporta le prix, il y a quelques années à l'Académie Françoise.

tile même dans les mains des brigands (*b*).

Il eſt ſingulier qu'on ne ſe ſoit pas encore apperçu que le vrai ſyſtème de l'adminiſtration du commerce, de l'induſtrie & des finances, le ſeul ſyſtème à ſuivre, doit avoir pour baſe l'agriculture; & que pour former ce ſyſtème, il faut avant tout, établir ce principe & en developper toutes les reſſources, ſans leſquelles il ne peut y avoir dans un Etat, ni commerce, ni induſtrie, ni finances.

La fortune de l'Etat, celle de l'humanité entiére, ſi on en excepte les ſauvages de l'Amérique qui ne vivent que de la chaſſe ou de la pêche, eſt dans les mains des cultivateurs, & conſiſte dans les productions toujours renaiſſantes de l'agriculture. Tous les biens, toutes les richeſſes ſortent de la terre. L'agriculture les en tire, & la conſommation leur donne une valeur ſans laquelle l'agriculture ſeroit nulle, ou réduite à très-peu de choſe. Les pro-

(*b*) Voyez nos obſervations dans *la richeſſe de l'Angleterre.*

productions de la terre sont notre seule vraie richesse. La culture de la terre est le principe unique de cette richesse, & la consommation est le seul agent, qui en donnant une valeur vénale à la production, anime l'agriculture, étend, multiplie & varie ses productions à l'infini.

La valeur vénale des productions est certainement nécessaire au cultivateur, & plus cette valeur vénale sera forte, mieux la terre sera cultivée, & conséquemment plus les productions seront abondantes. L'agriculture, comme le seul principe productif, & la consommation, comme le seul agent qui donne de l'activité à ce principe, sont la base de l'ordre naturel & physique des sociétés. Car il est dans l'ordre de la nature, que la production naisse de la destruction, & que tout ce qui précipite la destruction des productions, hâte & multiplie les productions nouvelles. Qu'on détruise ce principe & son agent, on détruit nécessairement toute idée de Société. Qu'on les contredise, qu'on les resserre par des actes d'administration, on affoiblit, on appauvrit la Société, on la rend plus ou moins malheureuſe.

Il eſt aiſé de concevoir que toute la force, le bonheur de la Société & l'opulence de l'Etat dépendent de l'activité que l'adminiſtration donne à ce principe & à ſon agent. Le commerce & l'induſtrie ne ſont point des principes productifs (*a*); on ne peut les conſidérer que comme les agens de la conſommation qui anime & entretient la force du principe productif de la richeſſe. La direction de ces deux agens de la conſommation doit donc tendre ſans ceſſe a étendre la conſommation, & à accroître ainſi par la conſommation autant qu'il eſt poſſible, l'activité & la force du principe productif.

La conſommation dépend de la communication des productions, & la communication dépend de la fabrication & du commerce. La plûpart des productions ſortant des mains des cultivateurs, ont beſoin que la fabrication les rende propres à notre uſage; & les manufactures qui

(*a*) On l'a démontré plus haut.

qui les préparent, ont elles-mêmes besoin de la consommation & de la communication, c'est le commerce qui procure l'une & l'autre.

Sur ces principes, il est facile d'apprécier les avantages des manufactures & du commerce, qui consistent uniquement à accroître autant qu'il est possible par la consommation les réproductions annuelles de la terre, qui sont la seule & vraïe richesse de l'Etat, & qui ne peuvent se soutenir que par la valeur vénale que leur donne la consommation. Sans cette richesse, l'industrie & le Commerce chez une nation agricole, ne sont rien.

Sur ces principes, il est facile encore de voir quels sont les actes dans l'administration, tant du commerce, que des finances, qui tendent à la diminution ou à la destruction de la réproduction, ou de la consommation, & quels sont ceux qui les favorisent; quel est le genre d'industrie, quelles sont les manufactures qui donnent le plus d'activité & d'étendue à l'agriculture & à son agent; celles qui doivent être préférées, & celles qui leur sont nuisibles. Il est évident que si l'adl'administration dans tous ses actes, ne perd jamais de vue l'agriculture & son agent, c'est-à-dire la réproduction & la consommation, la Monarchie sera élevée à l'état de forces, d'opulence & de prospérité dont elle est susceptible.

Les manufactures qui méritent le plus d'attention, & presque les seules qui en méritent chez une nation agricole, sont celles qui mettent en oeuvre les productions nationales.

Nous sommes encore dans l'enfance à l'égard du commerce & des manufactures, disent les uns ; & d'autres disent ; nous sommes aussi avancés que les nations les plus industrieuses & les plus commerçantes. Les uns & les autres exagérent.

D'autres réclament une liberté sans limites pour accélérer les progrès des manufactures & du commerce: & cette liberté seroit souvent destructive, ou infiniment nuisible,

D'autres voudroient tout diriger, par des réglemens, par la force & l'autorité de loix nouvelles; & mettroient ainsi des barriéres à chaque pas que voudroient faire l'industrie & le commerce.

D'au-

D'autres voudroient à force de multiplier les réglemens, les encouragemens & les dépenses de la finance, répandre dans l'Etat toutes les sortes de manufactures, tous les genres d'industrie: avantage chimérique, qui ne se trouve chez aucune nation industrieuse.

Enfin d'autres se livrent à un système qui distingue dans une Monarchie à l'égard des manufactures & du commerce, une ville, une province de l'autre: pendant que le vrai & le seul système à suivre, embrasse l'universalité de la Monarchie.

Laissez à chaque partie de la Monarchie les moyens naturels qu'elle a de l'enrichir; au commerce & à l'industrie une liberté légitime, & que l'autorité des loix se borne à proscrire des abus, à rejetter ou restreindre une liberté nuisible; donnez de l'accroissement à la somme de connoissances dejà acquise; rejettez la ridicule ambition de vouloir posséder tous les genres d'industrie; concentrez vos soins sur le genre d'Industrie qui s'occupe des productions nationales, qui est le plus propre à étendre vos productions en donnant

plus

plus d'étendue aux consommations. Donnez ainsi par les consommations, de nouveaux accroissemens à la source des finances, & vous procurerez à l'administration des finances, des moyens d'éloigner l'impôt de la racine des fruits de la terre; vous la mettrez en état de soulager les cultivateurs & de diminuer par le secours de l'impôt indirect, l'impôt direct qui tend sans cesse à la destruction de la réproduction & du seul principe productif de la vraie richesse de l'Etat. Ce sont-là en matière politique les objets les plus intéressans, que la main d'un observateur puisse présenter aux administrateurs d'une nation agricole.

Des appréciateurs de l'industrie, ont prétendu que la somme des valeurs en ouvrages d'industrie, n'est jamais que la réprésentation d'une somme égale de valeurs en productions consommées; parceque, disent-ils, il n'y a point de prix arbitraire, & que la somme de valeurs en productions consommées par l'homme industrieux, constitue toujours le prix des ouvrages de son industrie. D'après cette supposition, ils ont regardé

dé l'induſtrie, comme fort peu intéreſſante pour la richeſſe d'un Etat, & n'ont voulu reconnoître de ſource de l'opulence, que la ſeule réproduction annuelle de l'agriculture.

Il ſeroit bien fâcheux pour une nation agricole & induſtrieuſe, que l'adminiſtration ne vît l'induſtrie, que dans les limites qu'on a voulu lui aſſigner, qui ne ſont certainement point celles qu'elle a dans l'ordre naturel & phyſique des Sociétés. Qui ne ſait qu'il n'y a point de prix arbitraire dans le commerce, ſoit des productions de l'agriculture, ſoit de celles de l'induſtrie? Les prix des unes & des autres ſont déterminés bien différemment. C'eſt l'abondance ou la diſette qui détermine les prix des denrées ſuivant leurs différentes qualités. Il n'en eſt pas de même des ouvrages de l'induſtrie. Il en eſt qui ont un prix toujours fixe, parcequ'ils ont une concurrence d'ouvriers, d'entrepreneurs & de conſommateurs toujours à peu près égale. Il y en a d'autres dont le prix dépend des variations du luxe, de la mode, du goût ou de l'excellence de la fabrique; beaucoup dépendent encore

de

de la demande de l'étranger : & ces prix varient ainsi, non au gré des vendeurs, ni des acheteurs ; mais toujours sans nul égard aux dépenses des ouvriers & des fabricans.

Il faut distinguer dans l'industrie comme dans l'agriculture, les ouvriers des entrepreneurs, & l'industrie bornée à la consommation intérieure, de celle qui fournit à la consommation des étrangers. Il y a peu de païs où l'ouvrier ne trouve pas dans son salaire au-de-là de sa subsistance, c'est-à-dire au-de-là de sa dépense ou consommation ; & tout entrepreneur a des bénéfices au-de-là de ses consommations, sans lesquels il n'entreprendroit point. L'industrie bornée à la consommation intérieure fait rester dans l'Etat les bénéfices des ouvriers & des entrepreneurs, qu'il faudroit païer à l'étranger, si cette industrie n'existoit pas dans l'Etat ; & l'industrie qui a pour objet la consommation étrangère, fait païer ces-mêmes bénéfices par l'étranger. Ainsi l'étranger qui achete vos productions brutes, vous paie les salaires & les profits des ouvriers & des entrepreneurs de l'agriculture ; & s'il

les

les achete mises en œuvre, il vous paie encore en sus de ces salaires & profits, ceux des ouvriers & des entrepreneurs de l'industrie.

Il y a peu d'industrie ou de fabrication exclusive en Europe : les prix de l'industrie en général sont fixés par la concurrence, à quelque marché qu'elle soit présentée. Celle dont le domicile est dans les lieux où les productions sont à bas prix, obtient dans cette concurrence une supériorité qui donne à ces productions consommées par les ouvriers un prix qu'elles ne sauroient avoir naturellement, & cet excédant du prix naturel, indépendamment des profits des ouvriers & des entrepreneurs, est une valeur nouvelle appellée de chez l'étranger chez la nation industrieuse. Il est d'ailleurs des fabrications dans lesquelles le salaire des ouvriers est en entier pur bénéfice, telles que sont celles qu'on nomme des manufactures éparses, qui sont des manufactures très-riches, surtout celles des toiles, qui sont fabriquées par les mains des cultivateurs dans des tems perdus pour la culture. Ajoutez à ce bénéfice

fice celui de presque toute la filature, celui du blanchisseur, & celui du négociant qui les rassemble & en forme des magasins assortis. Ce sont-là des gains infinis que la nation perdroit, si elle vendoit en nature les productions consommées par l'industrie.

Observez que toute industrie, toute fabrication, qui ne donne pas un profit à l'ouvrier, à l'entrepreneur & au négociant qui la produit au marché, au-delà des productions emploïées ou consommées & des frais de main d'œuvre, perd l'avantage de la concurrence au marché; & dès lors il faut nécessairement qu'elle tombe. C'est ce qui a détruit les manufactures en Hollande, & ce qui les appauvrit actuellement en Angleterre. Car la concurrence, quelle qu'elle soit, si ce n'est dans quelques cas de revolution de quelques marchés particuliers, tels que ceux des Indes Occidentales, qui sont hors des régles de la marche naturelle de l'industrie & du commerce, ne sort jamais de ces limites: elle laisse toujours subsister un profit pour tous les agens de l'industrie,

sans

ſans lequel l'induſtrie périt ou change de place. Or ce ſont préciſément ces profits qui conſtituent les valeurs nouvelles ajoutées par l'induſtrie à la matiére brute, au bénéfice da la nation induſtrieuſe; valeurs, qui comme l'augmentation de prix que l'induſtrie donne aux productions par la conſommation des ouvriers, ſont païées par l'étranger, ou que la nation lui païe de moins.

§. 2. Diſtinction des manufactures.

La vérité de ces principes fixe naturellement la premiere & la principale attention des adminiſtrateurs du commerce, ſur toutes les manufactures, ſur tout genre de fabrication, qui emploïent les productions nationales. L'induſtrie qui s'occupe de vos productions, donne à votre territoire une double valeur, qui conſiſte dans la conſommation des productions qu'elle met en œuvre, valeur très-importante, & dans la conſommation perſonnelle des ouvriers occupés à mettre vos productions en œuvre. Il n'en eſt pas de même des manufactures qui n'emploïent que des productions étrangéres: elles ne donnent à votre territoire qu'une ſeule valeur, qui eſt bornée à la consommation des ouvriers qui y sont emploïés. C'est-là ce qui rend très-nécessaire & très-importante la distinction à faire des manufactures en deux classes, qu'on pourroit nommer, les premieres, *nationales*, & les secondes *étrangéres*. Les premieres appartiennent au commerce de propriété, qui est le commerce naturel d'une nation agricole, le seul commerce qui ne soit point précaire, & celui qui vivifie toutes les branches de l'agriculture. Les secondes manufactures ne présentent qu'un commerce d'économie, commerce peu utile à l'agriculture, toujours précaire, & qui ne convient qu'aux petites républiques.

§. 3. L'agriculture, premiere base des manufactures.

Si l'agriculture a besoin des manufactures qui mettent en œuvre ses productions, pour multiplier & étendre les consommations, qui sont le principe qui la vivifie; les manufactures ne peuvent elles-mêmes prospérer qu'en proportion de l'état florissant de l'agriculture: toutes demandent l'abondance de ses productions, le bon marché des matiéres brutes, & plus encore le bon marché de la main d'œuvre, qui dé-

pend

pend presqu' entiérement de l' abondance des productions nationales.

Le premier soin de l'administration qui veut faire fleurir des manufactures dans une Monarchie, doit donc se porter sur la recherche des moiens d'accroître & d'accelérer les progrès de l'agriculture: & ces moiens ne peuvent se trouver que dans l'instruction, dans les secours de la finance & dans l' industrie & le commerce.

L'instruction dont l' agriculture a besoin, répandue aujourd'hui chez presque toutes les nations de l'Europe, ne laisse rien ou peu de chose à désirer sur la théorie de l'agriculture. Les institutions des sociétés d'agriculture formées depuis quelques années dans presque tous les Etats de l'Europe, multiplient tous les jours des découvertes & répandent sans cesse des lumiéres sur le premier de tous les arts. Il semble donc, qu'il est désormais facile de perfectionner la pratique de cet art. Mais l'utilité de toutes ces nouvelles connoissances sera fort bornée partout où l'agriculture ne sera pas animée par les secours de l'administration des finances & du commerce. Tous les efforts du génie pour perfectionner l'art de l'agriculture, les ſpeculations curieuſes, les eſſais, les expériences, les machines nouvelles, ne donnent ni des bras à la terre, ni du courage aux cultivateurs.

§. 4. De la liberté. Ce n'eſt que depuis qu'on a intéreſſé les loix en Angleterre à la culture des terres, à la liberté de la ſortie & du commerce des grains, & donné aux cultivateurs l'eſpoir bien fondé du profit, que l'agriculture eſt devenue floriſſante dans ce Royaume. Dès lors les inſtructions, les découvertes s'y ſont multipliées & y ont réuſſi. Qu'on procure l'aiſance aux cultivateurs, l'attrait du profit leur fera apprendre avec facilité tout ce qui peut accroître & produire l'abondance.

L'adminiſtration du commerce ne peut ni impoſer, ni ſupprimer des taxes; mais elle peut animer de mille maniéres l'agriculture, en donnant aux fruits du travail des cultivateurs toutes les valeurs qu'ils peuvent en attendre de l'induſtrie & du commerce. Le devoir des adminiſtrateurs du commerce eſt donc de s'occuper

per des moïens d'étendre la consommation des productions de l'agriculture au dedans & au dehors. Ils doivent ouvrir, entretenir & rendre faciles tous les canaux de l'exportation, toutes les communications dans l'intérieur, pretéger & animer toutes les manufactures qui emploïent les productions nationnales, & les rapprocher des cultivateurs le plus qu'il est possible. Mais tous leurs soins seroient infructueux ou d'une utilité très-bornée, s'ils n'assuroient pas au commerce une entiére liberté, principalement au commerce des grains. Car le prix vil de la denrée qui est l'effet infaillible des défenses, des gênes, des réglemens, en un mot du défaut de liberté, est aussi destructif de l'agriculture, que l'excès de l'impôt. On ne sait quel nom donner à des actes d'administration, dont l'un force le laboureur de donner de l'argent au collecteur de l'impôt, & l'autre le force de vendre sa denrée à vil prix (*a*). N'est-ce pas

(*a*) Voyez le chap. V. §. 2. *de la liberté du commerce des grains & des moyens d'en écarter tout inconvénient.*

forcer le laboureur à laiſſer ſon champ en friche ; car pourqui perd le fruit de ſa peine, c'eſt gagner que de ne rien faire.

Les autres productions demandent la même à liberté l'adminiſtration du commerce. Les laines ſont l'une des productions qui demandent le plus d'encouragement, & l'on doit bien moins les conſidérer comme matiére premiere de la plus précieuſe de toutes les manufactures, que comme l'une des principales colonnes qui entretiennent l'agriculture en bon état par les engrais des terres, & par le bénéfice qu'elles procurent aux cultivateurs. Car la valeur des terres eſt dépendante du prix de cette marchandiſe. Il importe bien plus aux progrès & à l'entretien des manufactures, de ſoutenir l'agriculture dans un état floriſſant, que de faire baiſſer le prix de cette matiére premiere. C'eſt l'entretien du bas prix de la main d'œuvre qui doit principalement attirer l'attention des adminiſtrateurs du commerce, & ce bas prix dépend plus du bon état de la culture des terres, qui entretient l'abondance de toutes les choſes né-

ceſ-

cessaires à la vie, que de toute autre cause.

Si l'on regarde les bas prix auquel on voudroit entretenir les laines par des droits de sortie, comme un dédommagement de la cherté de la main d'œuvre, on se fait une illusion bien sensible; & ce n'est pas par l'illusion qu'on doit conduire le commerce & l'industrie d'une nation.

Le prix ordinaire des premieres laines d'Angleterre est de 24 sols argent de France, & en France de 30 sols; ce qui fait 20 p % d'avantage pour les manufactures de laine d'Angleterre sur celles de France à l'egard de la matiere premiere. Cet avantage sur le prix de la matiére premiere paroit immense. Mais si l'on se forme une idée du prix que la main d'œuvre donne à cette livre de laine en France en la convertissant en étoffe, on trouve cet avantage de 20 p % réduit à 5 p % à l'égard de la manufacture qui d'une livre de laine forme de l'étoffe pour 6 ₶. Or est-ce-là un dédommagement de la cherté de la main d'œuvre, que les Anglois estiment eux-mêmes souvent plus chere de 30 p $\frac{o}{o}$ chez eux qu'en France? Car les 30 pour $\frac{o}{o}$ s'étendent sur le prix des ouvrages de la manufacture. Cependant 20 p $\frac{o}{o}$ de différence de prix de la laine chez la nation agricole qui l'emploit dans ses manufactures, est un avantage très-précieux pour l'agriculture qui ne sauroit être trop favorisée (*a*). Qu'on calcule donc l'avantage qu'on procure aux manufactures par un droit de sortie sur les laines, fût-il de 20 p $\frac{o}{o}$, & l'on n'hésitera pas de se déterminer pour l'entiére liberté & pour la maxime qui veut que les manufactures fassent valoir l'agriculture, & ne lui portent aucun préjudice.

On craint que les boucheries des villes, sur tout de la capitale, ne manquent de bœufs, ou qu'ils ne deviennent trop chérs, & l'on ne fait d'autre moïen pour assurer leur approvisionnement à un bas prix, que la défense de la sortie, ou des droits qui en sont l'équivalent. C'est ainsi qu'on sacrifie l'aisance des culti-

(*a*) La richesse de l'Angleterre.

tivateurs, les progrès de l'agriculture, la ſource des richeſſes de l'Etat, & ſouvent le pain du pauvre, à l'aiſance, à l'embonpoint des habitans des villes; qu'on oublie que l'aiſance du cultivateur eſt le germe de la réproduction, & le principe de l'abondance, & qu'on détruit ce germe en aviliſſant le prix de ſon travail par des gênes ou des prohibitions. Procurez cette aiſance, & l'abondance qui en ſera la ſuite, vous procurera le bon marché; pendant que par vos gênes ou vos prohibitions vous perpetuez la diſette, ſi elle exiſte, & vous la faites naître infailliblement, ſi elle n'exiſte pas encore. C'eſt par des gênes qu'on ſe prive en beaucoup de païs, de l'avantage du commerce des ſalaiſons, des cuirs, du ſuif & du beurre. Le même principe vivifiant de la culture des terres, la liberté, animera également toutes les autres branches de l'agriculture.

Les bois ne demandent pas la même liberté: ils doïvent être ſoumis à une police rigoureuſe, & telle que l'exigent la conſervation & la réproduction des forêts. L'exportation

tion ne peut s'en faire qu'en bois de construction, en bois de merrain, en planches, en charbon ou en potasse. Les trois premiers articles ne doivent être permis, que des bois sur le retour, ou tout au moins avec des précautions qui préviennent la destruction. On ne peut dans un païs abondant en mines, permettre l'exportation du charbon, sans lui porter un grand préjudice. La potasse doit être réduite aux bois dont il est impossible de faire d'autre usage. On s'est apperçu dans quelques Etats, que la fabrication de la potasse est déstructive des forêts, & on a cru trouver un reméde à cet inconvénient d'une fabrication d'ailleurs précieuse, dans des droits de sortie; ce qui ne remédie point au mal. C'est uniquement dans une police intérieure, qu'on doit trouver le moïen de conserver cet article des richesses naturelles de l'Etat, sans qu'il puisse lui devenir nuisible: car la potasse est un objet de commerce très-intéressant, & qui le devient tous les jours de plus en plus par l'appauvrissement des forêts du Nord,

&

& de celles du Necker, du Rhin & de la Moſelle.

De toutes les profeſſions, celle du négociant, qui n'eſt pas la moins utile à l'Etat, eſt la ſeule qui ſoit partout parfaitement libre; & cette liberté lui eſt néceſſaire. Cette liberté eſt également néceſſaire à l'Etat, puiſqu'elle eſt le principe qui donne à la marche du commerce toute l'activité dont il a beſoin. Cependant la profeſſion du négociant n'eſt pas libre dans quelques villes où le commerce eſt encore dans ſon berceau, & où l'on fait de grands efforts pour l'élever. L'adminiſtration ne permet pas qu'un négociant y faſſe le commerce en gros, qu'il n'ait auparavant juſtifié la propriété d'un capital de conſéquence. Rien n'eſt plus propre à mettre le commerce en monopole, qu'un tel réglement: il reſtreint la concurrence des négocians, concurrence qui eſt toute entiére à l'avantage de l'Etat. Car c'eſt cette concurrence qui le fait approviſionner des denrées étrangéres au plus bas prix qu'il eſt poſſible, & qui fait produire au dehors au meilleur prix les denrées & les marchandises nationnales. Entretenir un pareil réglement, c'est restreindre les relations mercantilles de l'Etat, pendant que pour l'intérêt de l'Etat elles ne sauroient être trop étendues. En un mot c'est le grand nombre des négocians, leur concurrence & la liberté, qui animent sans-cesse votre agriculture & votre industrie. Qu'on mette un impôt sur l'industrie du négociant; cela s'est fait en France, & peut se faire ailleurs sans donner une atteinte essentielle à la marche du commerce, ni à la liberté qu'elle exige. Mais vouloir qu'une ville soit une place de commerce & que la profession de négociant n'y soit pas libre, c'est vouloir l'impossible.

Il y a long tems qu'on a dit qu'il ne faut au commerce que protection & liberté. Mais la protection est destructive, si elle gêne une liberté légitime; & la liberté sera elle-même destructive, si elle est indéfinie. Il est certain que le peuple va à son intérêt sans raisonner sur l'intérêt public, sans appercevoir même ce qui résulte pour le bien public de son intérêt particulier, & sans rien connoître au systéme du gouvernement

ment ſur le commerce nationnal, dont il ne s'embarraſſe point. Il eſt certain d'ailleurs que ſi le gouvernement vouloit régler en détail le commerce & l'induſtrie par des loix, & conduire pour ainſi dire la plume du négociant & la main de l'artiſte, il détruiroit bientôt le commerce & l'induſtrie. Il ſuffit de préſenter à l'un & à l'autre leur intérêt pour les porter à le ſaiſir & à le ſuivre. Mais cela même demande ſouvent des actes d'adminiſtration & d'une adminiſtration très-éclairée. Ce ne ſera pas encore aſſez que d'avoir rendu au négociant & à l'artiſte leur intérêt ſenſible, il faut les empêcher d'en abuſer, ou d'en détruire la ſource, ou celle de quelque autre intérêt plus important pour l'Etat.

La liberté indéfinie bien loin d'être, comme bien des gens le diſent, *l'unique ſoutien du commerce* d'une Monarchie, en feroit le principe deſtructeur. Cette liberté autoriſeroit la contrebande, les fraudes, les infidélités dans les manufactures de ſoie, de toiles, d'étoffes de laine, &c. annulleroit les douanes, les droits ſur les conſommations, détruiroit

roit l'industrie & les branches les plus intéressantes du commerce de l'Etat. Quelle est donc cette liberté, que demande le commerce? La liberté légitime, cette liberté qui est assurée par des loix sages, qui a toujous pour mesure l'intérêt général du commerce, de la société & de l'Etat. C'est cette liberté, qui dicta l'acte de navigation de l'Angleterre. Par cette loi la liberté des négocians Anglois fût restreinte. Il ne leur fut plus permis de faire venir des marchandises par des vaisseaux étrangers, qui ne seroient pas du produit de la nation de ces mêmes vaisseaux; mais par cette loi, qui put enchérir le fret pendant quelque tems, qui put causer d'abord quelque dommage à un grand nombre de négocians, l'Etat ota aux Hollandois le commerce de fret, & le donna à ses sujets. Il excita en même tems la construction nationnale, & jetta par cette loi seule, le fondement de cette marine qui lui a enfin donné l' empire de la mer & du commerce, qui étoit alors dans les mains des Hollandois. C'est cette liberté légitime, qui a dicté tant de loix nécessaires en Angleterre, en Hol-

Hollande & en France, ſur le commerce de l'Amérique, pour en écarter la concurrence des étrangers ; ſur le commerce du Levant, ſur la pêche du Harang, ſur les manufactures &c.

On demande enfin aux défenſeurs d'une liberté indéfinie, s'ils pourroient approuver la réponſe que fit un négociant d'Amſterdam à la Régence, ſur les plaintes du Stadthouder Frederic Henri, prince d'Orange, qui alloit aſſiéger Anvers, de ce que ce négociant avoit approviſionné la place de munitions de guerre ; *que ſi on pouvoit envoïer des vaiſſeaux en enfer avec bénéfice, il riſqueroit d'y bruler ſes voiles* (*a*) ?

L'induſtrie qui s'occupe des manufactures & de toutes ſortes de fabrications, demande une grande liberté, mais non une liberté indéfinie. Toutes nos nations induſtreiuſes ont ſoumis les manufactures à l'inſpection & à des réglemens. On s'eſt plaint en Angleterre & en France, des entraves qui reſultent de la loi des mai-

(*a*) Mem. du Comte d'Eſtrade.

maitrises, sorte de priviléges, qui étouffent sans cesse les efforts de l'art & du génie, qui resserrent la concurrence & l'émulation, les premiers principes des progrés des arts. La France sur tout, sur le motif que les acheteurs ne doivent point être trompés par des défauts cachés, a souvent porté les réglemens à un excès très nuisible. Dans la vue de corriger des défauts, ses réglemens ont souvent préscrit des méthodes sur l'emploi de certaines qualités de fil, sur l'aunage & sur les apprêts, qui ont détruit des branches précieuses d'industrie. Ce sont les invonvéniens infinis qui ont été la suite de ces excès, qui ont fait proposer quelque fois en France & Angleterre, d'abandonner toutes les fabriques aux soins & à l'émulation des fabricans. C'est le défaut d'une connoissance exacte du commerce, qui fait passer ainsi les administrateurs, d'une extrémité à l'autre. L'ignorence est la cause d'une infinité d'erreurs.

Il faut estimer les réglemens de la France en tout ce qui concerne la bonne foi, l'exactitude & la fidélité de la fabrique. L'Angleterre a de même assuré & soutenu par des Loix la réputation de ses manufactures. Des actes du Parlement ont préscrit les longueurs, les largeurs & le poids de diverses étoffes de laine. Les autres nations peuvent adopter les mémes loix avec un grand succés. Mais elles ne doivent voir que des obstacles aux progrès de l'industrie, dans toute autre sorte de gênes.

On ne conçoit rien dans la distinction qu'on a voulu introduire chez quelques nations, qu'on veut rendre industrieuses, au sujet des manufactures, qu'on a divisées en deux classes. On nomme les unes *fabriques* & les autres *manufactures.* Cette distinction n'est fondée sur aucun principe, & n'a aucun objet d'utilité. Fabrique & manufacture est exactement la même chose, c'est-à-dire l'art de rendre propre à notre usage les productions de la nature. Pour diriger la marche de l'industrie d'un Etat vers les plus grands progrès, l'administration ne peut tirer aucun avantage de cette distinction nouvelle, qui ne peut servir qu'à rendre plus compliqué, un systéme d'administration qui ne sauroit être trop simple.

Est-il plus raisonnable de mettre en question, „ si l'on doit laisser établir des fabriques semblables à celles qu'on a dejà, sans une permission expresse des administrateurs du commerce „ ?

„ Aucune fabrique, dit-on, dont l'établissement demande de grandes dépenses, & dont les ouvrages exigent des apprêts parfaits, ne devroit être entreprise sans une concession formelle „.

Pour accorder la permission de l'établissement de pareilles fabriques, on voudroit que les administrateurs du commerce s'informent si l'entrepreneur a les fonds, l'intelligence & les moïens néceſſaires.

On croit que „ s'il se trouve plusieurs fabriques de même espéce dejà établies, dont le débit se borne à la consommation intérieure, on ne doit point permettre l'introduction de fabriques pareilles, parceque la trop grande concurrence pourroit être nuisible, tant à l'entrepreneur, qu'au marchand & au public ; au premier par-

parcequ'il ne pourroit eſpérer un accroiſſement proportionné à l'étendue des dépenſes de ſon établiſſement; au marchand parcequ'il ne pourroit pas compter ſur un prix certain; & enfin le public ne pourroit eſpérer des marchandiſes bien conditionnées „.

Tels ſont les motifs, qui ont fait propoſer cette queſtion: *ſi l'on doit laiſſer établir des manufactures ou fabriques ſemblables à celles qu'on a dejà, ſans une permiſſion expreſſe?*

Si cette queſtion n'avoit pour but que d'acquérir une connoiſſance plus exacte de l'étendue, des forces, du nombre des manufactures répandues dans un Etat, & de leurs avantages; ou de donner des facilités aux fabricans qui entreprennent d'établir de nouvelles manufactures, ſoit en leur accordant des exemptions, ſoit en leur donnant des logemens appartenans à l'Etat, vacans ou mal occupés, ſoit enfin en leur aſſignant un domicile plus avantageux pour eux & pour l'Etat, cette queſtion auroit un objet d'utilité. Mais les motifs qui ont fait naître cette queſtion, & les réglemens propoſés en conſéquence, détruiſent abſolument le principe qui a élevé l'induſtrie en Angleterre, en France & en Hollande, la liberté, principe ſans lequel l'induſtrie de ces trois nations n'eût jamais dominé, comme elle a fait, en Europe & dans les trois autres parties du monde, quelques encouragemens qu'on eût imaginé d'ailleurs.

Dés qu'on admet qu'il eſt avantageux pour un Etat d'avoir des manufactures, il faut admettre de même qu'on doit les multiplier & les répandre dans autant de lieux qu'il eſt poſſible, afin d'établir une égalité naturelle & indiſpenſable entre tous les enfans d'une même famille. Un Etat gagne toujours à multiplier ſes artiſans dans tous les genres, & à exciter l'émulation par le nombre. L'induſtrie ne ſauroit occuper un trop grand nombre de mains : plus elle compte de ſujets dans une monarchie, plus elle y multiplie ſes reſſouces & ſes productions. C'eſt l'effet naturel d'une liberté légitime.

On

On veut ſans doute procurer ces avantages à l'Etat. Mais pour y réuiſſir, on propoſe les moïens les plus propres à les en éloigner. On ne voit dans ces moïens que découragemens & deſtruction.

Un homme ſe préſente pour établir une fabrique nouvelle: on ſoumet à un examen ſon intelligence & ſes facultés. On le ſoumet à un jugement arbitraire: & qui eſt en état de juger de ſes talens? Qui ſaura calculer ſes facultés? C'eſt à lui à les calculer. C'eſt à celui qui veut former une entrepriſe, ſoit de commerce, ſoit de manufacture, à conſulter ſes talens & ſes moïens. Si faute d'intelligence ou de fonds ſuffiſants il échoue, quel tort vous fait-il? L'Etat manque de gagner, mais il ne reçoit aucun préjudice. Il eſt au contraire arrivé très-ſouvent chez les nations induſtrieuſes, qu'un autre a profité, d'une entrepriſe mal commencée, ou mal ſoutenue, pour donner à l'Etat une manufacture très riche.

On a vu en France la premiere Compagnie qui entrepirt l'établiſſement de la manufacture des glaces, ruinée, sans doute parcequ'elle fit des dépenses excessives en batimens & en emploïés. Une seconde compagnie s'y ruina encore fort promptement par des dépenses immodérées d'administration; & une troisieme compagnie qui existe encore, s'y est prodigieusement enrichie. Cette manufacture étoit perdue pour l'Etat, si les Ministres avoient regardé comme un mal pour l'Etat, à prévenir par l'autorité des loix, la ruine d'un entrepreneur. Une autre manufacture élevée en 1738 ou 1739 à Montargis proche Fontainebleau, est encore un exemple bien frappant. A cette époque la France n'avoit encore aucune part au commerce de papier dans le Levant & en Espagne. Ce commerce étoit presqu'entiérement dans les mains des Hollandois, qui en même tems fournissoient à la France pour une grande somme de papier de différentes qualités, même pour la librairie qui en faisoit une consommation immense. Une compagnie entreprit d'élever une manufacture de papier des mêmes qualités fabriquées en Hollande; & pour en assurer le succès, elle fit venir des

des ouvriers & des maîtres de Hollande: Et à cette dépense peut-être sage & nécessaire, elle ajouta celle d'un bâtiment immense & un systéme d'administration très-dispendieux, & fut ruinée en peu de tems. Une autre compagnie succéda, rendit bientôt cette manufacture florissante: tous les papiers de Hollande y furent fabriqués avec un grand bénéfice. Elle fut ensuite imitée par les autres manufactures répandues dans le Royaume, & par un grand nombre de nouvelles, qui s'éleverent successivement. Dès-lors la France est parvenu à avoir une grande part dans le commerce du papier en Espagne & dans le Levant; & ce qui est singulier, les libraires de Hollande en tirent aujourd'hui le papier pour l'imprimerie; parceque malgré le droit d'entrée chez eux de 5 p $\frac{o}{o}$ & les frais de transport, ils y trouvent un bénéfice de 10 p $\frac{o}{o}$.

Ce sont des entrepreneurs que leurs entreprises ont ruinés, qui ont donné de si grands accroissements à l'industrie de la France & de si grands avantages à son commerce. C'est à la liberté qu'on a du le courage des premiers & des seconds entrepreneurs. La marche de l'industrie françoise fournit une infinité de semblables exemples. On en trouve de pareils en Angleterre, & même en Hollande. Si l'intelligence & les facultés de ces premiers entrepreneurs avoient été soumises à l'examen du Ministére, rien n'assure qu'ils ne se seroient pas également ruinés. Mais il est très-vraisemblable que le Ministére lui-même auroit découragé les seconds entrepreneurs. Tel eût été l'effet d'une gêne, telle que celle qu'on veut introduire dans des Etats où l'industrie est naissante, si cette gêne avoit eu lieu en France.

Si l'on parcourt le tableau des manufactures chez les nations industrieuses, on en trouve un grand nombre, & même les plus intéressantes, établies d'elles-mêmes. Le bénéfice des entrepreneurs en a décidé la naissance, le domicile & les progrès. La cause qui les a produites, les soutient. Entreprendre de les changer par des réglemens sur le prétexte qu'elles seroient ailleurs plus à portée des matiéres premieres ou de la consommation, ce seroit

roit leur préparer infailliblement une cause destructive. C'est aux entrepreneurs à juger des avantages de la situation de leurs manufactures. Leur bénéfice est leur régle, & cette régle est infaillible. La perpétuité des manufactures bien établies ne peut être interrompue, que par la concurrence étrangére, par l'infidélité dans la fabrique, ou par l'excès des impôts qui enchérissent trop la main d'œuvre. Il n'y a à opposer à la concurrence étrangére dans l'intérieur, que les douanes; & chez l'étranger, que la fidélité & la bonté de chaque article dans sa qualité; ce qui est l'effet d'une émulation bien animée, & enfin le bon marché. La fidélité dans la fabrique doit être assurée par des réglemens qui ne doivent point avoir d'autre objet; & l'émulation par une liberté légitime; c'est à l'administration à entretenir le bas prix par le bon marché de la main d'œuvre.

Une loi qui défend l'introduction de nouvelles manufactures sans une permission expresse, décourage infailliblement les entrepreneurs, ou tout au moins le plus grand nombre. Il craignent des longueurs dans l'expédition, des frais, des difficultés, un refus, qui les détermineront à porter leur induſtrie dans un païs de liberté: & tout autant d'entrepreneurs que cette loi éloigne de votre païs, ſont autant de pertes de valeurs nouvelles pour l'Etat. Vous n'avez que des conſeils à donner à ces nouveaux entrepreneurs ſur le choix de leur domicile, & ſur le calcul de leurs dépenſes & de leurs bénéfices. Mais laiſſez à la liberté & à leur intérêt le ſoin de placer leurs entrepriſes & d'en ſoutenir les frais. C'eſt cette liberté qui les multipliera: & pour les progrès de l'induſtrie & l'intérêt de l'Etat, les fabricans ne ſauroient trop ſe multiplier. Celui qui aura choiſi une ſituation déſavantageuſe, ſaura l'améliorer ou en changer, & corriger ſes erreurs de calcul, s'il en a fait, ſans que l'adminiſtration s'en mêle. Si enfin il échoue, il aura formé ou animé des ouvriers qui iront enrichir d'autres établiſſemens de l'Etat. L'adminiſtration ne doit pas voir des inconvéniens où il n'y en a point pour l'Etat, & ſur ce pretexte repouſſer

par

par des gênes les accroiſſemens que des entrepreneurs libres donneroient à l'induſtrie nationnale.

Vous voulez ſoumettre l'introduction des nouvelles fabriques à une permiſſiqn expreſſe, parceque vous voulez ſavoir ſi vous avez dejà une fabrique de même nature qui approche de la perfection; ſi d'autres fabriques pareilles ſuffiſent à la conſommation intérieure ou non; ſi enfin la fabrique nouvelle pourra travailler pour l'exportation.

Qu'importent toutes ces recherches à l'itérêt de l'Etat? Ou la manufacture qui ſe préſente eſt dans un genre nouveau: tant mieux: L'entrepréneur veut vous donner une richeſſe nouvelle. Ou vous en avez de ſemblables: tant mieux encore: cet entrepreneur veut auſſi accroître votre richeſſe. Car ce n'eſt que par la multiplication des fabricans, que vous pouvez atteindre à la perfection & aux avantages de l'exportation. N'éloignez donc point par des gênes, de nouveaux ſujets qui apportent dans votre commerce & dans votre induſtrie, de nouveaux accroiſſemens par des valeurs qui étoient au-

auparavant dans le commerce des autres nations.

Si parceque l'Etat poſſéde des manufactures dont le débit ſuffit à la conſommation intérieure, on croit ne devoir pas permettre l'établiſſement de nouvelles fabriques ſemblables, ſur le fondement que la trop grande concurrence ſeroit nuiſible aux fabricans, aux marchands & au public; on croit une erreur.

Il ſuivroit néceſſairement de cette erreur admiſe dans l'adminiſtration comme un principe 1°. qu'on rejetteroit de l'induſtrie nationnale, l'émulation qui eſt l'effet de la concurrence, & le principe de ſon élevation. 2°. Les manufactures bornées à la conſommation intérieure, ne s'éleveroient jamais au-delà. 3°. Ce ſeroit en même tems leur accorder le monopole de la conſommation intérieure; & rien dans les arts & le commerce ne porte plus de préjudice au public & à l'Etat, que le monopole.

L'intérêt du marchand eſt ici mal entendu. Si le monopole le force d'acheter d'une fabrique, il n'a point de préférence à donner, le public

blic eſt également forcé d'acheter de lui, & dans ce cas il eſt indifférent au marchand que la qualité de la marchandiſe ſoit bonne ou mauvaiſe, chére ou à bon marché.

On doit ſavoir d'ailleurs que les marchands contribuent infiniment à la perfection des manufactures, quand ils ont une préférence à donner. Ce ſont eux qui en relevent tous les défauts, qui apportent aux fabricans le goût des acheteurs, & qui puniſſent la négligence des fabricans, & les forcent par la préférence qu'ils donnent, à perfectionner leurs ouvrages. Le public & l'Etat ſouffriront toujours du défaut de concurrence & du monopole, ſoit par la cherté, ſoit par la mauvaiſe qualité, ſoit par les deux enſemble. Le public veut être approviſionné par la concurrence & non par le monopole; & les progrès de l'induſtrie demandent la plus grande concurrence. Ecoutez les fabricans, les marchands & les ouvriers : ils ſe trouveront toujours partout en trop grand nombre, parceque leur avidité ne trouve jamais d'aſſez grands bénéfices. Mais ce ne ſont pas ces

gens

gens-là qu'il faut conſulter, ſi vous ne voulez pas livrer l'adminiſtration aux conſeils de l'avidité.

La concurence dans l'induſtrie peut-elle jamais être trop grande? S'il étoit poſſible de le ſuppoſer, l'induſtrie elle-même ſauroit en corriger l'excès, ſans le ſecours de l'adminiſtration. Mais comment peut-on ſuppoſer un excès de concurrence nuiſible, pendant que c'eſt à l'extrême concurrence que la France & l'Angleterre ſont redevables de la perfection de leur induſtrie dans tous les genres? Il ſemble par le ſyſtéme qu'on voudroit introduire, que l'adminiſtration du commerce ſe trouve dans l'embarras des richeſſes. Eſt-ce à une nation dont l'induſtrie ſe trouve presque naiſſante, qui n'a pas encore toutes les manufactures que ſes productions naturelles lui demandent, & qui n'en a porté aucune à ſon dégré de perfection, à craindre l'établiſſement de nouvelles manufactures qui emploïent ſes productions naturelles; à craindre un trop grand nombre de mains induſtrieuſes, d'ouvriers & de fabricans? C'eſt vouloir rejetter le plus grand principe d'acti-

vi-

vité, celui qu'on a recherché avec le plus de peine & de soins chez les autres nations.

Tout réglement, toute gêne, qui tendent à limiter le nombre des fabricans ou le nombre des bras que chaque maître peut emploïer, sont presque aussi incompatibles que les priviléges exclusifs, avec l'émulation si essentielle aux progrès des arts. L'émulation des ouvriers, des artisans & des fabricans, contribue presqu'autant au bon marché des ouvrages, que le bas prix des choses nécessaires à la vie; parceque l'émulation diminue les gains des ouvriers & ceux des fabricans, les force à l'économie & à donner plus de perfection à leurs ouvrages, pour pouvoir faire toujours les mêmes profits. Vous jouirez encore de cet avantage, si vous laissez aux fabricans une entiére liberté de former des établissemens, de choisir des ouvriers, de les multiplier & de multiplier leurs ouvrages.

Mais ce n'est point dans une grande ville, à moinsqu'elle ne soit entiérement occupée par les manufactures, & bien moins encore dans

une

une Capitale, qu'on peut espérer de se procurer ces avantages. On reproche aux Capitales des grandes Monarchies, de pomper sans cesse le numéraire des provinces, d'attirer à elles le prix des fruits des cultivateurs, & de ne pas leur en renvoïer la partie nécessaire pour entretenir les réproductions annuelles; de concentrer les richesses nationales & d'être des colosses qui dévorent les campagnes. Y admettre encore les manufactures, y concentrer l'industrie de la nation, c'est ajouter un nouveau canal pour attirer encore plus le numéraire des provinces. Ce seroit là un motif suffisant pour éloigner les manufactures de la Capitale. Il en est un plus grand encore. Outre qu'il est impossible de donner dans la Capitale aux fabriques l'avantage du bon marché à cause de la cherté des subsistances, la cherté de la main d'œuvre y est encore augmentée par les exemples du luxe, qui introduisent chez les artisans des besoins superflus; par les exemples de dissipation & de nonchalence, & par la corruption des mœurs. L'intérêt de l'Etat demande incontesta-

ble-

blement que l'industrie nationale se répande dans tous les lieux de sa domination. Mais s'il n'est pas possible au législateur de transporter à son gré des fabriques d'une ville à l'autre, d'une province à l'autre, par l'autorité des loix, dont l'usage en ce cas pourroit être très-destructif, sans être utile, c'est au moins une grande faute que d'encourager des manufactures dans une Capitale. Elle est bien plus grande encore lorsqu'on les y attire, lorsqu'on fait concourrir à leur établissement les secours des finances du Souverain.

Quel est l'homme de bon sens, qui donnant une attention impartiale à ces principes, pourra s'empêcher de réclamer pour l'industrie, comme pour le commerce, cette liberté légitime qui doit être la premiere base de leur élevation, de leurs progrès & de la prospérité qu'on peut en attendre pour l'Etat? Sa raison éclairée rejettera tout autre gene, que celle qui a pour objet d'assurer la fidélité du fabricant, la bonne foi, qui est l'ame du commerce; de prévenir les fraudes, & d'empêcher également que les négocians, les

les ouvriers, les artisans & les fabricans, ne trompent la nation & les étrangers. Il adoptera sans hésiter les actes du Parlement d'Angleterre & les ordonnances de la France sur ce sujet; & il n'admettra point d'autre distinction sur les fabriques ou manufactures, que celle qui les divise en ***nationnales*** & en ***étrangeres***, relativement aux soins, aux encourégemens & à la protection que l'administration doit leur donner pour l'intérêt de l'Etat. Il distinguera en conséquence les manufactures. Celles qui emploïent les productions nationales, auront essentiellement son estime & fixeront sa premiere attention. S'il est obligé d'examiner les manufactures répandues dans la Monarchie, d'examiner leurs avantages & leurs désavantages, & d'indiquer les moïens de faire prospérer l'industrie nationale, il s'attachera aux branches de l'industrie, qui tiennent le plus immédiatement à la prospérité de l'agriculture, & qui concourrent le plus efficacement à accroître la vraïe source des richesses de l'Etat.

Sur

Sur ces principes, les manufactures de toiles & d'étoffes de laine sont les premieres & les plus précieuses; & ces manufactures qui se sont élevées d'elles-mêmes presque dans tous les païs où elles existent, & auxquelles on a ensuite donné des soins, en demandent encore. Leur a-t-on toujours accordé des encouragemens utiles? Leur a-t-on donné les plus nécessaires? §. 5. Attention à donner aux manufactures.

La fabrication des toiles a fait de grands progrès dans votre Monarchie. Vos toiles fournissent dejà des objets d'exportation. C'est un fonds dont on peut former une branche de commerce très-riche avec l'Italie & l'Espagne, si l'on donne à cette manufacture tous les soins qu'elle demande encore.

Ce n'est pas des entrepreneurs de fabriques de toiles en grand, qu'on doit attendre les grands succès de cette branche de l'industrie nationnale, mais des petits fabricans; c'est-à-dire des métiers répandus dans les villages, chez les ouvriers de l'agriculture, chez les païsans. Des entrepreneurs produisent dans les païs bas, surtout à Courtrai, du linge de table de la premiere beauté. Cette fabrication recherchée est précieuse sans doute, & ne doit point être négligée : mais c'est de la fabrique éparse qu'il faut attendre la richesse; parceque c'est celle qui fournit à la plus grande consommation, produit l'abondance & le bon marché. C'est donc celle dont le succés doit attirer la premiere attention.

La méthode de culture du lin & de le faire rouir, peut être perfectionnée par l'instruction & par des prix. C'est ainsi que cette méthode a été perfectionnée en Irlande. On peut ajouter à l'art de sérancer le lin & le chanvre. Ces premieres préparations contribuent infiniment à constituer la bonne qualité de l'étoupe. L'art de la filature est susceptible d'un grand dégré de perfection : les prix sont la voie la plus sûre pour parvenir à l'obtenir. Il faut que le fil soit assez tordu & ne le soit point trop. Son dégré de finesse dépend souvent plus de la qualité de l'étoupe, que de la main de la fileuse. Mais ce sera toujours sa faute si son fil n'est pas égal, & l'égagalité du fil eſt la qualité qu'il eſt le plus important d'établir.

L'eſſentiel de l'art du tiſſerand conſiſte à bien aſſortir les fils de la trame & de la chaine, & à frapper ſa toile également, ce qui rend la toile plus ronde, plus unie & plus égale : mais la toile ne doit pas être trop frappée & doit l'être aſſez. Ce ſont-là les premieres qualités qu'on recherche dans les toiles. Les aunages ſont différens dans les différentes qualités & dans les différentes manufactures, il y a même de la différence dans la façon de les plier & de les empaqueter. La méthode & l'uſage à choiſir importe peu. Mais on doit s'être impoſé une régle ſur cette forme extérieure, & cette régle doit être invariable. L'aunage ſurtout doit être aſſuré par un réglement de police, pour que la confiance des acheteurs ne puiſſe jamais être trompée (*a*).

(*a*) La confiance eſt telle dans le commerce, qu'on ne ſe donne pas la peine à Cadix, d'ouvrir les balles de toiles deſtinées pour les Indes Occidentales, & qu'il n'y a jamais eu de plaintes d'infidélité.

L'art du blanchisseur acheve la perfection de l'ouvrage. Il y a sur les toiles en général une grande diversité de blancs ; ce qu'on attribue à différentes causes. Il est certain que l'art de blanchir les toiles est un art très-fin & très-délicat. Le choix des différens sels dont on compose les lessives, est très-important ; & leur secours ne suffiroit pas sans celui de l'air, de la rosée & de la bonne qualité des eaux.

Les fabricans de toiles ne sont point blanchisseurs. Il s'en trouve peu même qui fassent blanchir leurs toiles. Ils les vendent en écrû dans les marchés publics, où l'aunage est assuré par l'inspection. Le défaut d'aunage régulier n'est puni en beaucoup d'endroits, que par le ciseau de l'inspecteur qui coupe en deux la pièce dont l'aunage n'est pas régulier : & cette peine suffit pour tenir le tisserand en régle. Des négocians achetent ces toiles au marché, en forment des magasins assortis, soit pour l'intérieur, soit pour l'étranger. Ce sont ces négocians qui font blanchir les toiles. Portout où il y a de bons réglemens, il n'est permis,

ni

ni aux colporteurs, ni aux courtiers, ni à aucun marchand, d'aller acheter les toiles chez les fabricans, & de les enlever pour ainsi dire sur les mêtiers; parceque cette licence ouvroit la porte à une infinité d'abus. On a aussi interdit par un réglement l'usage de tordre sur la blancherie les toiles avec un tourniquet qui donne aux toiles un aunage artificiel très-pernicieux, & qui en même tems arrête les progrès de l'art du blanchisseur; parceque cet usage amalgame tellement la gomme végétale avec le tissu de la toile, qu'il devient impossible de la porter jamais au beau blanc.

C'est connoître l'importance & le besoin de l'art de blanchir, & l'on doit réussir à le porter à un grand dégré de perfection, si l'on fait l'acquisition d'un bon blanchisseur, non pour élever une blancherie, ce qui ne pourroit produire que fort peu de bien, mais pour porter l'expérience, l'instruction & toutes les connoissances de cet art successivement dans toutes les blancheries répandues dans la Monarchie.

Les manufactures de laine moins avancées, demandent à l'administration bien plus de soins & de protection. Celles d'etoffes grossiéres & communes peuvent suffire à peu près pour la consommation intérieure, mais point encore avec assez de concurrence pour approvisionner l'Etat à un bon prix, & se perfectionner; car presque toutes manquent par l'égalité de la filature, par les apprêts & par les teintures. On n'a presque que des assais de draps superfins, & l'Etat manque de fabriques de plusieurs sortes d'étoffes très-intéressantes. Ainsi les manufactures de laine sont bien éloignées de produire une branche de commerce avec l'étranger. Il est cependant très-possible d'élever jusques-là l'industrie nationale.

Vous avez une manufacture qui a embrassé les petites étoffes de laine presque dans tous les genres. Cette manufacture devroit être regardée comme un fonds, qu'on pourroit diriger de façon à donner un grand essor à l'industrie nationale. Mais il faudroit corriger deux défauts essentiels, la mauvaise qualité

de

de la filature qui eſt inégale, & le vice des teintures. Ce ne ſeroit pas encore aſſez. Il faudroit tirer cette manufacture de l'adminiſtration ſouveraine, par deux raiſons bien importantes. 1°. Toute adminiſtration d'entrepriſes pour le compte du Souverain, quelque réguliére qu'on la ſuppoſe, eſt toujours extrêmement chére. De-là le défaut de la cherté de la fabrique. Car il faut vendre cher pour que la manufacture ne ſoit pas onéreuſe aux finances. 2°. De la propriété ſouveraine réſulte une eſpéce de monopole, qui d'un côté eſt à charge au public par un trop haut prix, & qui de l'autre concentre toute l'induſtrie nationale du même genre, qui eſt l'un des plus intéreſſans, dans cette ſeule manufacture.

L'intérêt de l'Etat demande donc que le vice de la filature & celui des teintures ſoient corrigés, & que cette manufacture ſoit vendue à des entrepreneurs. On dit à des entrepreneurs, parceque cette manufacture ne ſauroit être trop diviſée, pour la ſoumettre aux reſſources de l'économie, à tous les bons effets de la rivalité & de l'émulation. Il en résulteroit bientôt la perfection de la filature, l'égalité des étoffes, les bonnes teintures, l'excellence de tous les apprêts & le bon marché. Cette manufacture pourroit se perfectionner ainsi fort promptement, & s'étendre au point non seulement d'approvisionner l'Etat à un bon prix, mais de produire encore des étoffes pour le commerce étranger.

Parmi un grand nombre de fabricans, il s'en trouveroit qui sauroient bien connoître les qualités des laines, & les distinguer au point de savoir à quelles sortes d'ouvrages elles doivent être emploïées; la meilleure maniére de les assortir, car les laines doivent être assorties, ou par celui qui les vend, ou par le fabricant avant tout autre soin; de les laver, de les nettoïer, de les carder, de perfectionner la filature, de la rendre égale, de bien assortir les fils de la trame & de la chaine, pour rendre égales les étoffes. Il se trouveroit des fabricans qui sauroient mettre à profit les instructions des administrateurs du commerce sur tous ces détails, tous également importans, & qui forceroient par l'exemple de leurs bénéfices,

fruit

fruit de leur économie, de leur activité & de leur intelligence, tous les autres à les imiter. C'est ainsi que l'industrie se forme & s'éleve. C'est-là sa marche naturelle, à l'aide surtout de la sage direction d'un conseil de commerce.

C'est avec ces soins, si on vouloit s'y livrer, que l'art feroit les plus grands progrès, dans la finesse, le goût, l'égalité, la force, la bonté des étoffes & dans l'excellence des apprêts. L'art sauroit bientôt varier chez vous, comme en France, comme en Angleterre, les étoffes de laine à l'infini, avec le même succès; car il n'y a point d'industrie exclusive. On réussiroit dans les principales, qui sont d'une grande consommation chez l'étranger, telles que les draps, les londrins, les demilondrins, les ratines, les serges, les Kersais blancs & de couleur, les bayetes, les perpétuanes, les sempiternes, les frises, les reveches, les flanelles, les molletons &c.

Ces manufactures infiniment dispersées, comme elles le sont en Angleterre & en France, travailleroient à meilleur marché, que celles d'Anglegleterre, & à aussi bon marché que celles de France, & donneroient à l'Etat le commerce des étoffes de laine avec l'étranger, principalement avec l'Espagne, le Portugal & le Levant, où le commerce des étoffes de laine est le plus riche.

L'art de la teinture qui est si important aux succés de ces manufactures, devroit attirer l'attention des administrateurs du commerce, comme l'art de blanchir les toiles. On devroit attirer un habile teinturier, en faire un inspecteur des teintures; adopter le code des teintures du ministre Colbert, y joindre les découvertes nouvelles, charger ce teinturier de les faire observer par tous les teinturiers répandus dans l'Etat, & de les instruire: & fort promptement vos teintures égaleroient celles de France & d'Angleterre.

Ce ne sera pas un fabricant qui forme un établissement unique, qui perfectionnera vos manufactures, qui vous donnera la richesse des draps superfins. Ce fabricant concentrera dans sa propre manufacture toutes les ressources de son art & de son génie; il évitera par le secret de ses

ſes bénéfices, d'exciter l'émulation ; ſon intérêt perſonnel l'engagera naturellement à donner à ſa manufacture tous les avantages du monopole le plus long tems qu'il pourra, & ſi vous avez fait faire des dépenſes par les finances pour l'établir, elles seront presque en pure perte. Un fabricant traité ainſi dans l'eſpérance qu'il en attirera d'autres, éloignera toute concurrence autant qu'il ſera en ſon pouvoir.

On cite ſouvent l'exemple du Miniſtre Colbert pour autoriſer de grandes dépenſes à élever des manufactures. On croit que ce Miniſtre leur prodigua les ſecours des finances. On eſt dans l'erreur. Ce Miniſtre fit beaucoup de dépenſe en ſoins, en activité, en négociations & en protection, mais fort peu en argent. Il n'y eût jamais au-delà de 150 mille livres tournois aſſignées tous les ans pour les encouragemens à donner au commerce, à l'induſtrie & à tous les arts dans toute l'étendue de la Monarchie, & les adminiſtrateurs du commerce ſervoient l'Etat pour l'honneur, comme ils le ſervent encore aujourd'hui. La dépenpense que ce Ministre fit en particulier pour le Hollandois *Vanrobais*, pour attirer en France les manufactures de draps superfins de Hollande, consistoit à lui assigner *Abbeville* pour y établir sa manufacture ; dans le privilége d'avoir une chapelle & un chapelain reformé, & dans des lettres de noblesse. Ce Ministre ne fit point d'autre dépense, & fit une grande faute. *Vanrobais* étoit un excellent fabricant & un homme d'un grand génie. Les talens de cet homme furent concentrés dans sa propre manufacture & dans son intérêt personnel. Ce n'étoit pas là l'emploi que le Ministre devoit faire d'un tel homme. Il faut faire un pont d'or à un homme qui a des talens supérieurs, s'il veut bien se vendre, & l'emploïer entiérement au bénéfice de l'Etat. Le ministre Colbert devoit faire de *Vanrobais*, un administrateur sous ses ordres, un inspecteur ou directeur général de toutes les manufactures de laine du Royaume. Au lieu d'une manufacture à *Abbeville*, il y en auroit établi plusieurs. Il en auroit établi dans d'autres villes. Au lieu de vingt ouvriers

vriers tirés de la Hollande, & d'un seul fabricant, *Vanrobais* en auroit attiré vingt fabricans, & un bien plus grand nombre d'ouvriers. Au lieu d'un exemple unique, qui ne fait espérer qu'une marche fort lente de la part de l'industrie, l'art auroit été porté rapidement à un état florissant. *Vanrobais* transformé ainsi par le ministre en patriote & en homme d'Etat, auroit calculé pour vingt de ses compatriotes & pour autant de nationnaux, les bénéfices qu'il ne calcula que pour lui seul. L'industrie naturelle aux François, le génie de la nation suppléa au defaut de l'attention du ministre qui peut-être avoit lui-même calculé l'utilité de *Vanrobais* sur ce principe. Il s'éleva d'autres manufactures semblables à Abbeville même, & un très-grand nombre surtout à Sedan, qui dès leur naissance imiterent parfaitement *Vanrobais*, même l'écarlate des gobelins, & surpasserent les manufactures de Leide, alors les plus renommées, dans les draps noirs pour la finesse & le velouté; & ces progrès ne couterent au ministre, que des lettres

de

de noblesse pour deux des principaux fabricans.

C'est le bénéfice à faire qui engage & attire les fabricans ; c'est le bénéfice seul qui a répandu depuis 20 ou 30 ans des manufactures de draps en tout genre à l'infini dans les païs de Limbourg, Verviers, Liege, Aix la chapelle, &c. bénéfice auquel la chûte de celles de Hollande a donné lieu. Ces manufactures & toutes celles de laine doivent naturellement s'étendre encore en Allemagne & dans le Nord, par la décadence de celles d'Angleterre. Un seul homme peut attirer des fabricans de tous ces païs par l'apas d'un bénéfice assuré. C'est-là la route que les manufactures suivent pour passer d'une nation à l'autre, surtout lorsque les impôts renchérissent la main d'œuvre dans leur domicile actuel.

Les manufactures de camelot présentent une grande diversité de qualités, de beauté, de bonté & de prix. Il y en a qui sont entiérement de poil; ce sont les plus beaux & les plus solides : d'autres de soie, d'autres sont mêlés de laine, & d'autres de soie. En plusieurs endroits cet-

cette fabrique manque également par la qualité de la filature, par l'assortiment des fils & par les teintures. L'administration a un moïen pour corriger tous ces défauts. Les camelots des Païs-bas, de Leide & de France, sont les premiers de l'Europe. Un bon ouvrier qu'il est facile de tirer de l'un de ces païs, suffiroit pour porter cette fabrique au dégré de perfection le plus utile à l'Etat; si l'on emploïoit cet ouvrier, non a élever une fabrique nouvelle, mais à répandre chez tous les fabricans les connoissances qui leur manquent, & à corriger leur travail. Quoique cette manufacture dans beaucoup de païs emploïe peu de productions nationales, on peut cependant la rendre très-intéressante; parcequ' elle trouve une grande consommation dans l'intérieur & chez l'étranger.

Si l'on vouloit ajouter aux progrès de la bonneterie le bon marché; cette fabrique, attendu la grande consommation, feroit l'une des plus précieuses. Il ne faudroit qu'établir le plus de métiers, qu'il feroit possible, dans les lieux où les droits de consommation n'ont pas lieu, & engager les entrépreneurs des fabriques de bas de soie à tirer les soies de la premiere main, & de la premiere qualité, telles que les Organcins de Piémont, de Milan & de Boulogne. Cet article bien traité fourniroit une bonne branche de commerce avec l'étranger.

La quincaillerie placée dans une Capitale, ou dans les endroits où la vie est chére, ne sauroit prospérer, même pour la consommation intérieure. On a cependant un bon parti à tirer de l'abondance des métaux de la Monarchie, & de l'industrie nationnale, qui fait de grandes progrès dans tous les ouvrages qui emploïent les métaux. C'est par le domicile qu'on pourroit donner à cette industrie, qu'on parviendroit à l'emporter sur Nuremberg dans tous les ouvrages de léton, & qu'on réussiroit à imiter les Anglois dans les ouvrages d'acier avec l'avantage du bas prix de la main d'œuvre.

On pourroit aisément donner à l'Etat, sourtout en Allemagne, la richesse de la bijouterie, dont la France, l'Angleterre, Geneve & une partie de la Suisse sont en possession.

Il

Il ne manque à vos ouvriers que le goût. Les meilleurs ouvriers que la bijouterie de Paris emploit, ſont allemans. Un ſeul homme peut répandre chez vous le goût qui eſt une valeur que l'art ajoute à ſes productions; apprendre à des maîtres à diriger vos ouvriers, & vous donner dans cet article ſeulement une branche de commerce fort riche.

La filature du léton qui mal placée, ne peut s'élever au-delà de la conſommation intérieure, tranſportée dans un lieu, où le travail eſt à bas prix, auroit l'avantage de la concurrence ſur celle de Suede & de Hambourg, & ſeroit un objet d'exportatiun très-riche pour la France, la Hollande & l'Angleterre. Car on ne peut apprécier la conſommation des manufactures d'épingles.

La fabrique des fils d'or & d'argent faux eſt l'une des plus précieuſes de celles qui emploïent le cuivre. C'eſt l'un des meilleurs articles dans le commerce du Levant. Mais cette fabrique demande plus qu'une autre, un domicile où la vie ſoit à bas prix.

On peut fabriquer le fer de mille maniéres, en outils, en acier, en fer blanc, en clous &c. & en faire encore un article très-riche pour le commerce du Levant. Cette fabrique est très-précieuse, & rend infiniment précieuses aussi toutes vos forêts. Indépendamment d'une bonne police qui doit en assurer la conservation, pourquoi ne pas s'occuper de la recherche de la meilleure méthode de construire les fourneaux qui ménagent le mieux le feu & la dépense en bois? On trouveroit de grandes lumieres sur ce sujet dans les mémoires de l'Académie des sciences de Paris sur l'art des forges & fourneaux de Mess. de *Courtivon* & *Bouchu*; ainsi que dans les mémoires de la même Académie pour 1747, concernant l'économie du feu pour les Verreries, la Fayence, &c. Les administrateurs du commerce doivent souvent chercher dans les sciences, des secours pour perfectionner les fabriques, pour épargner du travail, du tems & des matiéres.

La filature de l'or & de l'argent ne manque chez vous, que du dégré de finesse nécessaire pour le tissu des étof-

étoffes. Ce n'est pas la faute de l'art, c'est celle d'un réglement. Ce n'étoit pas là qu'on devoit borner la liberté de la filature; mais on ne devoit jamais permettre aux ouvriers de tirer le fil d'or à une seule feuille. Cette liberté dégrade la fabrique des galons d'or; & le meilleur marché qui en résulte, ne répare pas le préjudice que porte à la fabrique la mauvaise réputation. Cette fabrique mieux policée & mieux placée pourroit vendre à l'étranger, elle pourroit imiter celle de Bruxelles, qui fait un commerce de galons avec Francfort & Leipsic pour deux ou trois cents mille florins tous les ans.

Il est utile pour le commerce, que le goût ait substitué à ces chefs d'œuvre de l'art, à ces tapisseries des Gobelins & de Bruxelles, à toutes les tapisseries de haute & basse lisse, des tapisseries d'étoffes légéres, qui s'usant & se renouvellant sans cesse, étendent la consommation des productions naturelles & de l'industrie. Mais on se tromperoit, si l'on vouloit mettre au rang des tapisseries utiles au bien de l'Etat, les toiles peintes & le papier. On a peine à croire que la nation, qui a imaginé une loi qui oblige d'enséve-lir les morts dans des étoffes de laine pour accroître la consommation des laines & des étoffes de laine, soit la même qui a ensuite inventé les tapisseries de papier, qu'elle a variées à l'infini, qui ont pris la place d'une consommation immense d'étoffes de laine, ou de laine moitié soie, ou de soie. Quoiqu'on imite ailleurs très-parfaitement les papiers d'Angleterre, est-il possible de concilier l'existence & l'usage de cette fabrique avec les progrès qu'on désire voir dans les fabriques de laine, dont cette fabrique est une rivale si dangereuse par le brillant, le goût & le bas prix? On peut traiter de même les impriméries de toiles. Les avantages & les désavantages de ces deux manufactures mériteroient une discution exacte & profonde dans beaucoup de païs. Car on n'apperçoit pas toujours aisément dans l'administration, le point fixe qui sépare le commerce utile à l'Etat, du commerce nuisible, parcequ'il est quelquefois tres-difficile d'appercevoir les

les nuances par lesquelles le bien s'approche du mal.

Vos papeteries prospérent autant que la situation peut le permettre. Mais elles manquent par la matiére premiere. Elles ne peuvent se procurer des loques fines, sans le secours desquelles il est impossible de fabriquer le papier des premieres qualités. C'est encore ici un objet d'exportation très-intéressant, qui ne demande à l'administration que des soins médiocres. Il s'agit de faire cueillir les chiffons de toiles avec plus de soin dans toute la Monarchie, ce qui a été négligé jusqu'à présent. Un seul moïen peut en procurer l'abondance; c'est d'assigner des prix à ceux qui en auront rassemblé une plus grande quantité, & suivant un tarif relatif aux différentes qualités. Il est facile d'établir sur cela un bon ordre qui assureroit l'approvisionement des papeteries, si l'on y ajoutoit une rigoureuse défense d'exporter de cette matiére premiere.

Tous ces détails sur les manufactures sont ennoblis par leur liaison nécessaire avec le bien public.

A l'égard des manufactures de soïerie, il faut distinguer l'uni du façonné. L'uni peut réussir partout, & c'est la partie des manufactures de soie la plus intéressante, perceque c'est celle de la plus grande consommation. Il n'en est pas de même du façonné. La consommation dans ce genre a des limites beaucoup plus étroites, qui le sont bien plus encore pour le façonné joint aux dorures. D'ailleurs la concurrence des étoffes de France & celle des étoffes des Indes rendent presque infructueux tous les efforts de votre industrie en ce genre, & vous exposent à donner bien des encouragements en pure perte.

Les grands principes que les administrateurs ne doivent jamais perdre de vue, demandent bien plus encore d'attention, quand il s'agit des manufactures les plus recherchées & du grand luxe, qu'à l'égard des manufactures de premiere & de seconde nécessité, & de la grande consommation, pour ne point compromettre les vrais intérêts de l'Etat sur les progrès de l'industrie nationale. Il importe infiniment de rappelpeller ici ces principes & de les rendre sensibles.

Les succès de toute sorte de manufactures, & surtout de celles dont le goût fait le principal mérite, dépendent entiérement de quatre choses; de la main d'œuvre, de l'emploi des maitiéres premieres, du prix & du goût. La main d'œuvre exige beaucoup de talens dans l'ouvrier & dans le fabricant; le prix est toujours en rapport du prix de la main d'œuvre & de la matiére premiere, du goût & du besoin de l'acheteur. Ainsi toute nation qui veut élever des manufactures, doit se procurer un grand nombre de fabricans & d'ouvriers habiles; des matiéres prerес de la premiere qualité & au plus bas prix.

La concurrence des ouvriers & des artistes, qui contribue infiniment au bon marché de la main d'œuvre, parcequ'elle excite la plus grande économie, est aussi la cause qui fait naître, qui entretient & éleve le goût par les efforts qu'elle fait faire au génie & à l'industrie.

Ce sont-là les principes de ce ton de supériorité que la seule ville de

Lion a pris & soutient depuis plus d'un siécle sur toutes les manufactures de l'univers, & qu'elle ne peut perdre que par des émigrations considérables d'ouvriers & d'artistes. C'est aussi le défaut de cette concurrence, qui rend presqu'impossible aux nations qui n'ont point de manufactures ou qui en ont peu, d'en élever de riches & de recherchées, & d'entrer en concurrence avec Lion, tant pour le bas prix de la main d'œuvre, que pour le goût. Car l'art qui exécute de si beaux desseins, qui les renouvelle à chaque saison, & les varie sans cesse en y ajoutant toujours des graces nouvelles & de nouveaux agrémens, ne sauroit être l'ouvrage d'un petit nombre de mains, d'artistes & d'hommes de génie.

La difficulté, l'impossibilité même de rassembler dans une ville la quantité d'ouvriers & d'artistes, qu'exigent les manufactures, dont les ouvrages sont autant les productions du génie & du goût, que celles de la main, peut être regardée comme un obstacle presqu' invincible à l'établissement de ces sortes de manufac-

tu-

tures, ſans le ſecours de la chute de celle de Lion par une émigration presque générale. Celle qui fut occaſionnée par la révocation de l'Edit de Nantes, enrichit pluſieurs nations d'une partie précieuſe de l'induſtrie françoiſe ; mais aucune ne put en profiter au point d'entrer en concurrence avec Lion, qui en a ſouffert dans l'uni, mais qui eſt reſtée en poſſeſſion de la richeſſe du façonné & des dorures (*a*).

Qu'on ſurmonte tous ces obſtacles, qu'à force de ſoins & de dépenſe on attire des maîtres étrangers, &

(*a*) Les fabriques de Lion ſont forcées depuis pluſieurs années de diminuer leurs ouvrages & leur commerce, non parcequ'on les imite ailleurs, mais parceque la conſommation des ouvrages recherchés, & ſurtout des dorures, eſt infiniment diminuée & diminue tous les jours. On doit voir les cauſes de cette diminution dans le gout actuel pour les étoffes legeres, dans la ſuppreſſion des jours de *Gala*, dans les grands droits de douane, dans les progrès des fabriques de ſoieries unies chez les autres nations, & enfin dans le commerce clandeſtin des Anglois aux Indes occidentales. Ce commerce, presque le ſeul aujourd'hui qui ſoutienne encore un peu l'induſtrie angloiſe, contribue infiniment à la ruine de Lion.

& qu'avec leurs secours on forme des fileuses, des apprêteurs, des teinturiers, des dessinateurs, d'habiles ouvriers pour lire les desseins, pour monter les mêtiers, & d'habiles négocians pour répandre le goût sur la fabrication, & en procurer la vente, qui est l'encouragement le plus essentiel à donner à toutes sortes de manufactures; quel prix mettra-t-on aux étoffes pour répondre à ces premieres dépenses? Le double, le triple des fabriques rivales ne suffiroit pas. Si vous avez voulu aquérir une grande concurrence de fabricans & d'ouvriers, vos pertes seront énomes. Si vous n'avez que quelques fabriques isolées, vous ne pouvez les soutenir par le défaut de concurrence d'ouvriers; vos entrepreneurs se ruinent, & vos dépenses plus modérées en ce cas, tombent encore en pure perte.

D'après ces principes il est aisé d'assigner le sort que doit avoir une fabrique de Lion du riche & du façonné, transportée dans une autre ville hors de la France. Vous avez reçu un homme de génie: sa capacité est reconnue, & c'est-là sa princi-

pa-

pale richesse. Car s'il avoit des fonds de conséquence, il n'auroit osé les risquer à établir hors de Lion une telle fabrique isolée. Il faut lui faire de grandes avances pour former cette entreprise. Ce fabricant vous a produit des étoffes dans le façonné & dans les dorures semblables en tout à celles de Lion. C'est une nouveauté qui vous éblouit : vous étes séduit. Vous vous croïez en possession d'un trésor, & vous ne tenez rien. Vous n'avez de certain que la dépense que vous avez faite. Si cet entrepreneur ne vous a pas trompé, il s'est trompé lui-même. Il connoit sans doute toute la méchanique de son art. Mais il ne connoit pas les agens qui le produisent au dehors; il ignore les ressorts qui hors de l'attelier des ouvriers, en assurent les succès.

Supposons que ce fabricant isolé puisse se procurer un aussi bas prix des dhoses nécessaires à la vie, qu'à Lion, les soïes aussi bonnes & à aussi bon marché; une grande concurrence d'ouvriers, d'apprêteurs, de teinturiers &c. C'est une grande supposition. Cependant avec tous

ces

ces avantages, il eſt impoſſible qu'il ſoit jamais autre choſe, qu'un imitateur, qu'un copiſte des deſſeins ſurannés de Lion, & qu'il produiſe autre choſe que de vieux deſſeins, & conſéquemment de vieilles étoffes à un prix néceſſairement plus haut, que celui des nouvelles étoffes de Lion.

Cette vérité ne peut paroître un paradoxe, qu'à ceux qui ne connoiſſent pas les fabriques de Lion (*a*). Tous les ans les deſſeins changent : chaque fabricant a ſon deſſinateur ; & le deſſinateur d'une bonne fabrique eſt à bon marché, quand il ne coûte que ſix mille livres par année. Les deſſeins s'exécutent chez chaque fabricant dans le ſecret ; & ce ſecret eſt tel, qu'il n'y a pas une fabrique qui produiſe une piéce d'étoffe d'un deſſein ſemblable à celui d'aucune pièce d'étoffe des autres fabriques. Il faut que le fabricant trouve tous ſes frais de l'année & ſon bénéfice dans la vente dans l'année même des trois quarts des étoffes qu'il a fabriquées.

(*a*) Voyez les intérêts des nations &c.

quées. Ce qui lui reste après l'année, est marchandise de rebut, qu'il se trouve heureux de pouvoir vendre à 20 p % quelque vois à 50 p % au dessous de sa premiere vente.

Notre fabricant, dira-t-on, aura un bon dessinateur, & produira tous les ans de nouveaux desseins. Il sera sans doute en état avec de grands secours, d'ajouter une dépense annuelle de deux ou trois mille florins à toutes celles qu'exige une entreprise nouvelle. Mais ce dessinateur, quelque habile qu'on le suppose, aura-t-il la facilité de meubler & d'échauffer son imagination par la vue de tous les anciens desseins, & par celle des jardins, des spectacles & des promenades de Paris, où les dessinateurs de Lion vont tous les ans faire des voïages pour y exercer leur génie & produire ensuite leurs nouveaux desseins? Il faut donc conclure qu'à de très-grands frais votre fabricant ne produira que des étoffes à desseins surannés, & par conséquent de vieilles étoffes plus chéres de 50 p %, & peut-être d'avantage, que celles de Lion, ou des étoffes sur des desseins

sans

ſans goût, & fort chéres. Si l'on pouvoit enfin lui ſuppoſer la facilité de ſe procurer par un bon deſſinateur, des deſſeins nouveaux tous les ans, pourroit-il lui ſeul repréſenter cette immenſe variété des fabriques de Lion, qui répond à la diverſité infinie des goûts des acheteurs, & qui ne peut être que la production de l'enſemble d'un grand nombre de fabricans ?

Mais pourquoi s'occuper dans un Etat, où les fabriques nationales, celles de la grande conſommation, celles qui emploïent ſes productions, ſont encore ſi éloignées de la grande perfection, & où d'ailleurs on n'a point des bras de reſte, à ſe donner à grands frais les manufactures de toute ſorte de ſoieries, de rubans, de modes, de pompons, de toutes les ſortes de manufactures du grand luxe, & les plus recherchées ? C'eſt vouloir préférer les arts qui tiennent ſimplement au luxe, aux arts qui tiennent aux beſoins de la vie. C'eſt vouloir reſſembler à un homme qui mettroit tout ſon territoire en parterre. Les Hollandois avoient épuiſé toutes les reſſources de la culture de

leurs

leurs terres, toutes celles de l'industrie & du commerce, lorsqu'ils établirent dans les jardins de Harlem le commerce des fleurs.

On fabrique aujourd'hui dans un nombre infini de villes de l'Europe, des étoffes de soie dans le plein & l'uni (*a*). Il n'est pas si difficile de réussir dans ce genre. La solidité, le moëlleux & la beauté de la couleur font ici le mérite essentiel de l'étoffe. Les soies bien choisies, la chaine & la trame bien égalisées, & les couleurs bon teint suffisent pour rendre cette étoffe parfaite. Mais de ce que l'art a dans ce genre une marche plus unie & plus simple, il ne faut pas conclure qu'on portera cette fabrique même au dégré de perfection, sans le secours du génie & d'une grande concurrence de fabricans & d'ouvriers; puisque nous voïons les moëres unies & les satins noirs d'Angleterre, les poux de soïe de Turin & les velours noirs de Gênes, les Satins de Florence, de Na-

 ples

(*a*) Voyez les intérêts des nations &c.

ples &c., conserver une superiorité que Lion même n'ose contester.

Vous avez réussi dans les Damas & dans les serges ou croisés. Vos satins manquent par les apprêts, vos rubans n'ont ni grain, ni lustre; & vous espérez réussir dans les taffetas avec le secours d'un bon apprêteur. Vos velours ont le défaut, les uns de laisser voir des rayes; & le poil des autres ne se releve point lorsqu'il est abattu. Les soies sont mal choisies & mal emploïées. Vous avez encore deux autres défauts à corriger, qui retiendront long tems vos fabriques de soieries dans leur berceau; la chérté de la main d'œuvre & la cherté des soies. La cherté de la main d'œuvre ne peut se corriger dans une Capitale, ni dans des villes où la vie est chére; & vos fabricans ne sont point assez en fonds pour tirer les soies de la premiere main. Ils ne peuvent les tirer que de la seconde ou troisième main, & à un crédit fort limité. Les fabricans de Lion & de Londres ne se soutiennent que par les longs crédits, que les négocians en soie leur donnent; car toutes les soies s'achetent comptant

tant à la premiere main. Les négocians en soïe de Lion donnent aux fabricans vingt trois mois de crédit, & ceux d'Angleterre leur accordent jusqu'à deux ans & plus. C'est ce long crédit qui donne aux fabricans le tems de vendre & de faire le recouvrement du prix de leurs ventes, qui se font toutes à de fort longs crédits. Vos fabriques de soieries unies ne sauroient établir entre elles une assez grande concurrence de maîtres & d'ouvriers pour s'élever seulement au point de suffire à la consommation intérieure, tant que vous les retiendrez dans une Capitale, ou soumises aux droits sur les consommations, & tant que vous manquerez de bons négocians en soïe, ou que vos fabricans n'auront pas eux-mêmes des fonds considérables. D'ailleurs vos ouvriers emploïent deux jours à faire l'ouvrage qu'un François ou un Anglois fait en un seul jour. C'est-là un vice qui vient en partie du défaut de concurrence d'ouvriers, qui enchérit infiniment vos étoffes; & ce vice affecte presque toutes vas manufactures.

§. 6. Les encouragemens. On donne dans plusieurs Etats deux sortes d'encouragemens : les uns consistent dans des avantages tirés de l'administration des douanes, & les autres dans des avances d'argent. Ces encouragemens sont appliqués principalement aux fabriques de soierie; c'est-à-dire à celles qui méritent le moins d'être encouragées, qui même ne devroient pas l'être du tout; comme on le démontrera; & l'on ne donne que peu ou point d'attention aux manufactures, qui seules peuvent accroître sensiblement la richesse de l'Etat, & qu'il importe le plus d'élever, de perfectionner, d'animer & d'étendre.

Les avantages qu'on a cru pouvoir donner aux manufactures par les douanes, ne sont pas un encouragement mauvais précisément par la raison, que les trois nations les plus industrieuses, l'Angleterre, la Hollande & la France, n'en fournissent pas un exemple; mais parceque en gênant la liberté publique, en donnant lieu à des frais d'administration, en causant des non-valeurs aux finances, cet encouragement produit un effet absolument contrai-

re

re à celui qu'on a voulu se procurer.

On a assujetti las marchands à ne pouvoir tirer de l'étranger des marchandises dont on a des fabriques dans l'Etat, qu'avec un passe-port qui en limite la quantité, & ces limites sont en proportion de la quantité de celles des fabriques du païs, qu'ils ont achetées. C'est ainsi qu'on les force à acheter des marchandises mal fabriquées & fort chéres: & l'on assure le succès de cette espèce de violence faite au commerce & à la liberté publique, en assujettissant leurs magasins à des visites continuelles, & toutes leurs marchandises à des marques.

On a assuré ainsi en même tems aux fabricans la vente de leurs ouvrages, quoique mauvais. Il ne faut pas avoir une connoissance bien profonde des manufactures & des hommes, pour savoir que les fabricans peuvent gagner fort peu à fabriquer de bons ouvrages, ou même s'y ruiner; mais qu'ils gagnent beaucoup ou s'enrichissent à en fabriquer de mauvais, s'ils sont assurés de les bien vendre. Dans les manufactures de soierie surtout ; le fabricant gagne beaucoup à n'emploïer que des soïes inégales & mal assorties ; à n'emploïer que ce qu'on appelle dans les termes de l'art, les *rebuts*, les *déchets* & les *rétailles*. Le fabricant des manufactures de laine gagne aussi beaucoup à mêler dans les draps, de la bourre, du déchet ou rebut des laines, ainsique dans d'autres étoffes; à épargner sur les apprêts, comme de faire peigner ses draps avec des peignes de fer au lieu de chardon, & de leur donner à la rame un aunage factice.

Que faites-vous donc en forçant vos marchands d'acheter les ouvrages de vos fabricans ? Au lieu de perfectionner chez eux l'industrie, vous perfectionnez l'art de tromper, & vous forcez vos marchands de les aider à tromper le public.

A l'égard des encouragemens à donner par les douanes aux manufactures, il y a un principe qui ne permet à aucun administrateur du commerce, de s'égarer.

(*a*) Une manufacture, même dans sa naissance, n'a rien à craindre de la concurrence des fabriques étrangéres, losque les droits d'entrée sont de 15 p % : car les frais de transport, de commission, &c., y ajoutent encore 4 ou 5 p %. Or si 18 ou 20, p %, outre le gain du fabricant étranger, ne suffisent pas pour soutenir une fabrique du païs, il faut en conclure ou que le fabricant veut trop gagner, ou que son entreprise est mal conduite, ou qu'il y a sur les lieux même quelque vice ou quelques obstacles, qu'il faut écarter pour réussir.

Si pour l'intérêt de la finance les droits d'entrée sont portés jusques à 30 & 40 p % de la valeur réelle sur les étoffes du grand luxe, ce qui n'est pas sans exemple, & ce qui est peut-être l'impôt le plus juste & le plus nécessaire dans plusieurs Etats; si ce n'est pas là un encouragement suffisant; il y a surement un vice local dans vos fabriques, qui doit attirer toute votre attention, & s'il n'est pas possible de le corriger, vous devez aban-

(*a*) Voyez les intérêts des nations &c.

abandonner de telles entreprises. Les 30 à 40 p % de droits d'entrée joints au bénéfice des fabricans étrangers', donnent à vos fabriques un avantage immense : y ajouter l'achat forcé, il est évident que c'est perpétuer & même accroître encore l'art de tromper chez vos fabricans. Vous ne devez attendre d'autres progrès dans vos fabriques, que ceux du vice que votre encouragement accorde si bien avec l'intérêt personnel ; ensorte que l'encouragement que vous avez à donner ajourd'hui, est de supprimer au-plûtôt la loi des passeports, & de laisser une entiére liberté à vos marchands, dont le génie, les connoissances qu'ils ont de l'art, & la préférence qu'ils auront à donner, auront bientôt corrigé vos fabriques, si elles sont corrigibles. Car attendu les hauts droits d'entrée sur le luxe, elles doivent établir leurs ouvrages à beaucoup meilleur marché que les fabriques étrangéres, avec un grand bénéfice. Elles auront nécessairement une préférence assurée, dès qu'elles feront les efforts nécessaires pour la mériter.

Les

Les marchands, a-t-on dit, s'étoient ligués pour faire tomber nos fabriques. N'avez-vous pas cru trop légérement aux plaintes de vos fabricans ? Il ne falloit que voir les vices & la mauvaise qualité de leurs ouvrages pour les condamner & justifier le refus des marchands de les acheter.

Les avances d'argent sont nécessaires, si vous voulez établir des manufactures du grand luxe & les plus recherchées, pour la gloire de l'industrie nationale, comme on a fait en France. Les gobelins, les tapis de la savonnerie, la porcelaine de saive, ont fait un honneur infini à l'industrie françoise ; & cet honneur qui a coûté des sommes immenses aux finances, qui a enrichi plusieurs directeurs, ne peut être calculé au rang des richesses nationales. Ce n'est point un exemple à imiter chez des nations qu'on veut rendre industrieuses. Les finances de la France n'ont point été emploïées a avancer des fonds à d'autres manufactures. La Suéde & la Russie, pour se donner des manufactures de draps superfins, d'étoffes de soïe & de toiles de batiste, ont prodigué en pure perte cette sorte d'encouragement ; parce qu'un fabricant ne travaille point sur les fonds d'un Souverain, comme sur les siens. Il trompe facilement par des essais, dont quelque fois même il n'est pas l'auteur, pour obtenir des fonds : il trompe encore sur l'emploi même des fonds, qu'il a obtenus : il se trompe souvent lui-même sur les moïens qu'il croit avoir pour faire prospérer son entreprise. Ne regardons donc jamais une avance des fonds du Souverain, comme un encouragement qui assure le succès d'une manufacture. Le ministére de France a souvent engagé des capitalistes à soutenir des manufactures, qui ont eu du succès par la raison que l'intérêt a donné des lumiéres & des ressources à ces capitalistes, que le Souverain ni ses ministres ne sauroient se procurer.

Ce n'est pas pour s'autoriser à faire légérement des avances à des fabricans, qu'on doit citer l'exemple de la France & du ministre Colbert, comme on fait tous les jours. Ce ministre acheta des secrets pour les apprêts, pour les mêtiers, pour les

tein-

teintures. Il fit former des éleves chez l'étranger, attira des maîtres habiles par des présents, par des pensions. Il attira aussi par des distinctions honorables des hommes à talens, des hommes de génie, & de ces hommes rares qui se donnent à un Etat & ne se vendent point. Il fit beaucoup de ces dépenses qui flattent l'amour propre des gens à talens, qui les séduisent, qui les engagent, qui les attachent, & qui font beaucoup d'éclat, beaucoup d'honneur au Souverain, produisent beaucoup de bien à l'Etat, & coûtent fort peu de chose à ses finances.

„ Je regarde, dit un savant Anglois (*a*), comme une perte pour la grande Bretagne, pour les arts & les manufactures, que nous n'aïons pas d'Académie établie pour prendre soin de leurs progrès. Il en coûte si peu à la France pour l'Académie des sciences! & quel avantage n'a-t-elle pas procuré aux arts & aux manufactures du païs? C'est à elle que

(*a*) M. Home.

que les François doivent la supériorité qu'ils ont en plusieurs arts. En établissant cette Académie Louis XIV a triomphé de ceux, qu'il n'avoit pu vaincre par les armes „.

Tels sont les encouragemens qui doivent être préférés, qui coûtent peu de dépenses & dont on doit attendre des succès bien plus assurés, que ceux que l'on se promet d'obtenir des avances de fonds faits aux premiers fabricans qui se présentent, qui la plûpart dans leur patrie ne seroient pas même de bons ouvriers.

Il seroit peut-être très-raisonnable de proposer dans beaucoup d'Etats, la question, s'il est de l'intérêt de l'Etat, d'y établir les manufactures du grand luxe, telles que les manufactures de soïe? On ne craint point d'assurer que cette question mérite un axamen profond & impartial.

On se laisse communément séduire par la maxime, qu'il faut se passer des étrangers; parcequ'on prend cette maxime dans un sens trop général. En conséquence on se livre à une ambition qui engage dans des entreprises ruineuses, qui font négliger

ger les plus néceſſaires, les plus naturelles & les plus utiles.

Le ſyſtème des manufactures doit être rélatif, ſi vous ne voulez pas embraſſer un ſyſtème vicieux qui mettroit ſans ceſſe des entraves au but que vous vous propoſez, qui eſt la proſpérité de l'Etat. Ce ſyſtème doit étre rélatif à l'embarras où ſe trouvent les finances par l'effet des emprunts & des charges factices que l'adminiſtration a été obligée d'ajouter aux charges naturelles de l'Etat. Il doit être relatif en même tems à la ſituation de l'Etat, à ſa population actuelle, à ſes productions naturelles, & aux différentes branches de commerce qu'on peut lui donner par ſes productions naturelles & par l'induſtrie.

Le ſyſtème par lequel on voudroit rendre une nation indépendante de toute autre, feroit peut-être encore plus chimérique, que celui qui tendroit à la Monarchie univerſelle. Tout eſt ſoumis dans le monde à une dépendance naturelle. C'eſt -- là le lien qui forme les ſociétés, qui entretient l'ordre & l'harmonie, & qui unit les ſociétés entr'elles. Il n'eſt

pas

pas plus possible à une société, à une nation, de se suffire à elle-même, qu'à un seul homme de se rendre indépendant de toute société. C'est-là le premier principe du commerce & le plus invariable. Si les deux nations de l'Europe les plus industrieuses, & qui possédent le plus grand nombre d'artisans & d'ouvriers, dont la rivalité a si souvent agité les autres nations de l'Europe, se communiquent sans cesse malgré leur jalousie & leur rivalité, les productions de leur industrie réciproque, & en reçoivent encore de l'industrie des autres nations; vous chez qui l'industrie est encore si peu avancée, pouvez-vous raisonnablement prétendre réunir chez vous cette industrie générale qui embrasse tout? Vous avez un choix à faire parmi toutes les manufactures connues: les besoins da la finance, ceux de l'agriculture, sa source principale; le nombre des mains que la population de l'Etat peut fournir à l'industrie, les sortes de productions dont on doit les occuper de préférence, & les branches de commerce les plus naturelles & les plus riches à donner à l'Etat,

vous

vous indiquent le choix que vous devez faire.

De tous les impôts, ceux qui portent sur le luxe, sont les plus conformes à l'intérêt de l'Etat, parceque ces impôts n'affectent que la richesse & sont dans les mains du Souverain l'un des grands moïens qu'il ait de ne point détruire chez les cultivateurs le germe de la réproduction par l'excès des impôts, pour satisfaire à tous les besoins de l'Etat. Le Souverain & la nation ont un égal intérêt non seulement à conserver le germe de la réproduction, mais encore à accroître autant qu'il est possible cette premiere source de toute richesse publique & particuliere.

Que faites-vous en établissant dans l'Etat des manufactures du grand luxe? Vous anéantissez autant qu'il est en votre pouvoir l'impôt de 30 & 40 p % que ce luxe paie à l'Etat. Vous forcez par conséquent le Souverain de rejetter sur les terres les non-valeurs que vous procurez dans l'une des principales branches de l'impôt.

On

On ne sauroit justifier la recherche & l'introduction des manufactures du grand luxe, par l'idée d'une exportation à donner à l'Etat. Car on ne peut s'en promettre aucune, quelque succès qu'on ose espérer. Justifieroit-on mieux l'introduction de ces sortes de manufactures en alléguant qu'on a un peuple d'ouvriers & d'ouvriéres à occuper, qu'on ne peut occuper autrement ? Comment pourroit-on donner du crédit à cette allégation, pendant qu'on n'a point assez de bras pour porter à leur perfection, toutes les manufactures qui emploïent les productions nationnales ? Si les bras vous manquent pour donner à vos productions naturelles toutes las valeurs qu'elles peuvent recevoir de l'industrie, est-il raisonnable d'occuper chez vous des bras dont tout le travail ne peut que vous épargner la main d'œuvre des marchandises de luxe, que vous païez à l'étranger? Car tous les bénéfices que peuvent vous donner les manufactures de soïeries, sont bornés à cette main d'œuvre, que vous païerez de moins, si ces sortes de

ma-

manufactures établies chez vous, suffisent à votre consommation.

C'est un principe certain, que pour avoir un commerce utile, il est nécessaire de vendre aux étrangers plus qu'on n'achete d'eux? Emploit-on le meilleur & le plus sûr moïen de parvenir à ce but, lors qu'on occupe de préférence l'industrie d'une nation à des manufactures de luxe, qui n'emploïent que des productions étrangeres? Si ces fabriques sont bornées à la consommation intérieure, la nation en a païé la matiére premiere à l'étranger, & ne gagne que la main d'œuvre, & la nation ne fait ce gain, que dans la supposition seulement que cette main d'œuvre seroit perdue sans cela. Car si cette main d'œuvre est enlevée aux fabriques des productions nationnales, non seulement la nation ne gagne rien, mais elle perd un emploi plus utile de son industrie. Si vous exportez de ces mêmes ouvrages de luxe, vous en avez païé les matiéres premieres à l'étranger qui à son tour vous païe une main d'œuvre; & le prix de cette main d'œuvre qui est fort peu de chose, n'est encore

 un

un gain pour la nation, que dans la même supposition, que cette main d'œuvre n'est pas enlevée au travail que demandent vos productions naturelles. Autrement vous faites un très-mauvais marché & un commerce d'industrie & d'économie très-nuisible aux progrès de votre agriculture & de votre commerce naturel. Est-il raisonnable de sacrifier à un pareil commerce une branche de l'impôt qui n'est onéreuse ni à l'agriculture, ni à l'industrie, & dont il faudra cependant leur faire supporter les non-valeurs que ce commerce doit produire infalliblement?

C'est une vérité généralement reconnue que les manufactures favorisent la culture des terres. Mais toutes ne donnent pas à l'agriculture un encouragement égal. Les manufactures, qui emploïent les productions étrangéres, ne peuvent lui être utiles que par les consommations que la subsistance des ouvriers procure; & les autres ajoutent à ces mêmes consommations l'exportation des productions nationalels. Ici l'étranger païe tout, la main d'œuvre & les matiéres premieres. Les manunufactures qui emploïent le plus de productions nationales, font en général un des plus grands moïens qu'on puiffe mettre en ufage pour étendre les confommations, & conféquemment pour affurer aux cultivateurs la vente de leurs fruits, le prix de leur travail, qui nourrit & qui anime leur induftrie. Ce font-là les manufactures dans lesquelles tous les foins de l'adminiftration doivent d'autant plus fe concentrer uniquement, que ce n'eft que par ces Manufactures, que vous pouvez vendre aux étrangers une grande fomme de votre main d'œuvre & de votre induftrie, que vous pouvez donner à l'Etat tout le commerce qu'il peut faire; des branches de commerce très-riches, de toiles, d'étoffes de laine de toutes fortes, de bonneterie, d'ouvrages fabriqués de tous vos métaux; de cire, de falaifons, de cuirs, de fuif, de lard, de blé, de chanvre, de fer, d'acier, de potaffe, &c.

C'eft par ces manufactures, qui deviendront par vos foins promptement floriffantes, fi vous favez d'abord écarter les obftacles qui arrêtent les progrès de l'agriculture, que vous parviendrez à votre but, de vendre aux étrangers plus que vous n'achetez d'eux; que vous augmenterez sans cesse les progrès de l'agriculture, que vous donnerez à l'Etat le commerce le plus riche, & au Souverain la facilité d'acquiter les charges publiques sans altérer le bien être d'aucun de ses sujets. Calculez à présent votre population: on peut vous défier d'y trouver du superflus pour fournir des mains industrieuses à d'autres manufactures, qu'à celles qui emploïent vos productions nationnales.

Il n'est pas douteux que cette industrie si naturelle, que ce commerce, qu'il est facile de procurer à l'Etat, si l'on veut s'en occuper sur de bons principes, donneront un grand accroissement à la population. Alors l'Etat pourra avoir des mains à livrer aux manufactures de soïeries; & la culture des muriers aïant fait des progrès, si votre territoire est propre à cette culture, ces manufactures auront alors le mérite d'emploïer une production nationnale, & n'auront pas l'inconvénient d'appau-

vrir

vrir les manufactures les plus importantes & les plus néceſſaires à l'Etat. Mais en attendant ſeroit-il raiſonnable de s'occuper du ſuperflu, quand on manque du néceſſaire ?

Voulez-vous adminiſtrer le commerce ſur de bons principes & avec d'heureux ſuccès ? Que votre ame ne ſe répande point ſur une infinité d'objets à la fois; mais que l'attrait du plaiſir de rendre ſervice à l'Etat & à l'humanité la porte à ne fixer que des objets utiles. Vous remonterez à la charrue du laboureur & à la cabane du berger. C'eſt de-là que vous jugerez de l'utilité des manufactures, du choix à faire, de la préférence à donner, des branches de commerce qui ſont les plus naturelles & les plus riches, & des moïens de les procurer à l'Etat, ou d'en avancer les progrès.

Vous vous occuperez très-utilement pour l'Etat, de la recherche des moïens que l'adminiſtration des finances peut emploïer, pourque l'impôt ne détruiſe pas chez les laboureurs le germe des réproductions annuelles; de porter les laboureurs à une meilleure culture, & sur tout de donner à leurs productions de meilleures préparations. Car la plûpart exigent une espéce de fabrication, de l'exactitude de laquelle dépendent leurs bonnes, leurs mauvaises ou leurs médiocres qualités. Il n'est presque point de production qui ne demande quelques soins à l'industrie pour être bonnifiée, conservée, transportée, ou emploïée ensuite à divers usages. Vous rechercherez aussi les moïens d'accroitre le nombre de vos bestiaux, d'en améliorer les races, & surtout d'améliorer la race des brebis : vous supprimerez par-là l'usage de les tondre deux fois l'année, qui donne des laines d'une très-médiocre qualité, usage qu'on ne peut faire cesser qu'en substituant une nouvelle race à celle qui perdroit sa laine, si on ne la tondoit qu'une fois. Il vous sera facile d'assurer en même tems la réproduction des bestiaux, réproduction des plus importantes grossiérement négligée. Vous pouvez encore accroître la premiere & la principale source de la prospérité nationale, en introduisant généralement chez les cultivateurs l'u-

sa-

ſage des abeilles. Cette culture ne demande que peu de ſoins & de peine, & ne prend la place d'aucun travail néceſſaire à l'agriculture. Cet article qui aideroit à répandre l'aiſance chez les cultivateurs, produiroit un grand objet d'exportation. Deux milions d'habitans recueillant par année cinq livres de cire, l'un dans l'autre, vous donneroient dix millions de livres de cire. Il eſt ſingulier qu'une production ſi riche, & qu'il eſt ſi facile de ſe procurer, ſoit ſi négligée.

C'eſt par ces premiers ſoins qu'en multipliant infiniment dans l'Etat les objets de commerce, vous donnerez en même temps aux manufactures & au commerce tous les avantages de l'abondance & des bonnes qualités. Ce ſont-là les premiers & les plus eſſentiels encouragemens à donner à l'induſtrie nationnale & au commerce de l'Etat, qui doivent occuper un conſeil de commerce.

Si de-là vous paſſez aux manufactures, vous perfectionnerez aiſément toutes celles qui emploient vos productions. Car vous en aurez acquis le premier principe, l'abondance des productions ; conséquemment le bon marché des matiéres premieres & de la main d'œuvre. Vous donnerez à l'Etat l'une des manufactures les plus importantes & les plus riches , celle des salaisons de beurre, de cochons & de bœufs. Ces trois salaisons sont liées ensemble. La même industrie qui procure celle des bœufs, procure en même tems les deux autres, ainsi que les cuirs & le suif, qui sont aussi deux grands objets de commerce.

Le nombre des bestiaux peut être accru dans toutes vos provinces par l'usage trop négligé des prairies artificielles, au point de suffire à la consommation de vos boucheries & de fournir tous les ans à une exportation très intéressante.

C'est bien plus par des essais bien faits sur l'agriculture & sur les productions nationales, qui ne demandent presque point de frais ; par des conseils donnés à propos & par de bonnes instructions répandues dans le public, que par l'autorité des Loix, qu'un Conseil de commerce peut élever l'industrie & faire prospérer le commerce d'un Etat.

Un

Un conſeil de commerce eſt une compagnie compoſée de citoyens détachés de tout intérêt perſonnel, animés uniquement par l'amour du bien public, par l'attrait du plaiſir de procurer l'opulence & la félicité des peuples, & de rendre la Monarchie puiſſante & reſpectable au dehors; qui joignent à un ſentiment tendre pour l'humanité, une connoiſſance profonde de toutes les branches de l'adminiſtration, de l'agriculture, de l'induſtrie, des arts, même des arts de pur agrément en tant qu'ils influent ſur les progrès des arts utiles; de toutes les branches de commerce que la nation peut faire; du commerce des étrangers qui y eſt rèlatif; qui connoiſſent tous les ſecours que les ſciences & les arts peuvent donner à l'induſtrie pour l'élever & la perfectionner, & qui à toutes ces connoiſſances ajoutent de grandes lumiéres ſur la pratique du commerce & ſur ſa marche chez les nations étrengéres, où la leur peut étendre ſes rélations.

Quel ſervice ce conſeil ne peut-il pas rendre à un Etat, & à un Souverain dont le trône eſt toujours accessible aux vérités utiles, & auprès duquel la vérité n'a jamais tort d'être la vérité. Ce conseil embrasse dans son plan d'administration l'universalité de la Monarchie : il n'en distingue les différents membres que par la richesse de leurs productions respectives, par celles dont ils sont susceptibles; par les accroissemens qu'on peut leur donner; par le genre d'industrie qui leur est propre, & par les branches de commerce qu'ils peuvent produire, pour mieux choisir les moïens de les accoître & de les animer.

Qu'importe que quelques villes ou quelques provinces paroissent séparées des autres membres de la Monarchie, soit par leur situation, soit par des capitulations ou des privilèges, comme on le voit en Espagne, en France & dans les Etats de la maison d'Autriche ? Les intérêts de ces différens païs ne sont pas moins chers au Souverain. Sa bonté, son intérêt & l'intérêt général de la Monarchie, ne lui permettent pas de les diviser; & l'interêt de toutes les provinces est évidemment d'être gou-

ver-

vernées ſur un principe ſi vrai & ſi reſpectable.

C'eſt par la richeſſe d'une province, que dans la répartition des charges de l'Etat, le Souverain donne du ſecours à celles qui en ont beſoin, ou qu'il ſoulage celles qui ſont moins riches. C'eſt par la richeſſe d'une province, que le fardeau d'une guerre eſt moins onéreux aux autres provinces. Dans l'adminiſtration d'une Monarchie, on tombe dans des contradictions & des erreurs deſtructives, lorsqu'on n'embraſſe pas par un ſyſtéme général l'enſemble de la Monarchie, & qu'on ne porte pas une attention refléchie ſur l'intérêt qui doit en réſulter pour l'avantage du Souverain & pour celui de tous ſes peuples, qu'on ne doit jamais diviſer. On ſe perd dans un océan de préjugés & d'erreurs ſur ces matiéres, quand on ne les voit qu'avec des connoiſſances ſuperficielles: car les connoiſſances ſuperficielles ſont les grands ennemis de la bonne adminiſtration.

§. 7. Réponſe à un nouveau ſyſtéme ſu

Dans l'ordre naturel des cauſes qui conſtituent eſſentiellemeut la proſpérité nationale, les forces & la puiſ-

l'industrie & le commerce. puissance de toute société politique; l'industrie & le commerce sont nécessairement à la suite de l'agriculture; & ces causes sont tellement inséparablement unies qu'il seroit impossible de détruire l'une de ces trois causes, sans détruire ou affoiblir infiniment les deux autres, & par conséquent la force de la société.

L'auteur de *l'ordre naturel & essentiel des sociétés politiques* rejette cette vérité fondamentale de tout bon systéme d'administration. „ Quelles que soient les richesses de l'industrie & du commerce, on ne peut suivant son systéme les compter parmi les richesses de l'Etat. On a eu tort de croire généralement jusqu'à présent que le commerce extérieur attire des richesses de chez l'étranger, & que l'industrie ajoute des valeurs nouvelles aux matiéres brutes. La balance du commerce est, dit-il, une chimére, & l'argent un signe trompeur, envisagé comme signe de la richesse nationale „.

Ces paradoxes, que cet auteur annonce comme autant de vérités que des préjugés grossiers avoient tenues cachées jusqu'à présent, & le suc-

ſuccès que ſon ouvrage a eu d'abord dans le public, montrent combien il importe de ſe former une idée juſte de l'induſtrie & du commerce, quand on veut s'inſtruire utilement des matiéres politiques.

Cet auteur après avoir défini le commerce *l'échange des choſes uſuelles pour parvenir à leur diſtribution dans les mains de leurs conſommateurs*, diſtingue le commerce, des mouvemens & des frais du commerce, & ne voit dans chaque opération de commerce que deux hommes dont l'un eſt premier vendeur, & l'autre conſommateur ou dernier acheteur: en conſéquence il diſtingue deux valeurs dont l'une part de ce premier vendeur pour arriver à ce dernier acheteur conſommateur; tandis qu'une autre valeur en échange de la premiere, part à ſon tour de celui-ci pour arriver à celui-là. C'eſt, dit-il, dans cet échange uniquement que le commerce conſiſte, & qu'il faut le conſidérer pour juger de ſon importance. De-là l'auteur conclut, qu'on ſe trompe lourdement, quand on prend pour le commerce même les opérations intermé-

diai-

diaires qui servent à faire faire le commerce. „ Si les hommes, ajoute-t-il, avoient bien compris que le commerce n'est qu'un échange, ils ne se seroient pas laissé séduire ni par les dehors imposants des ventes & des reventes qui se succédent, ni par l'éclat trompeur des renchérissemens simulés que causent les frais de la main d'œuvre: ils n'auroient pas cru voir un accroissement de richesses & de commerce dans ce qui n'est qu'une dépense onéreuse au commerce „.

Cet auteur a pris avec un extrême confiance des erreurs pour des principes. C'est lui-même qui se trompe en prenant pour le commerce ce qui n'est que la cause & la matiére du commerce. Les besoins respectifs de propriétaires des denrées & des marchandises sont la cause du commerce, & ces denrées & marchandises mêmes sont la matiére du commerce. Personne n'ignore que l'échange des denrées & des marchandises est indispensablement nécessaire entre les particuliers propriétaires pour se procurer leurs besoins respectifs. Mais si le commerce consisſiſtoit uniquement dans cet échange direct, il n'y auroit point de commerce. Cet échange ſeroit en partie impraticable ſans le ſecours d'un tiers qui achete d'une main pour revendre à l'autre. Ce ſont ces mouvemens & l'ordre qu'exige cette opération ſimple, ſi l'on veut dans la théorie, mais extrêment compliquée dans la pratique, qui conſtituent l'art du commerce, qu'on a enviſagé avec raiſon depuisque nos lumiéres & nos connoiſſances ſe ſont accrues, comme une ſcience très-importante, ſoit qu'on la conſidére dans l'intérêt des négocians, ou dans l'intérêt des propriétaires des denrées & des marchandiſes, ou dans celui des conſommateurs; ſoit qu'on la coſidére enfin dans l'intérêt de l'Etat.

Il eſt certain que les opérations du négociant ou du commerce, ce qui eſt la même choſe, ajoutent des valeurs nouvelles aux denrées & aux marchandiſes en ſus de celles, qu'elles ont dans les mains des premiers propriétaires. „ Les gens inſtruits du commerce, dit l'auteur, tiennent pour maxime générale que cette augmentation de valeur eſt une richeſſe

pour

pour l'Etat, & cette maxime, dit-il, est *une absurdité évidente.* A-t-il connu le commerce dans toute son étendue ?

Si l'on considére uniquement le commerce intérieur, toutes les augmentations de valeur qu'il donne aux denrées & aux marchandises, sont une augmentation de richesses pour l'Etat, en ce qu'en facilitant les consommations elles animent l'agriculture, multiplient ses productions, multiplient de mille maniéres les moïens de subsistance, divisent infiniment la richesse nationale & favorisent la population. Cela est conséquent à la maxime, que la consommation est la mesure de la reproduction. Détruisez ou resserrez les opérations du commerce intérieur & l'industrie qui s'occupe à donner de nouvelles formes aux productions brutes, ou le commerce seulement, & calculez ensuite le montant de votre population, vous la trouverez bientôt infiniment réduite & votre agriculture dans l'indigence.

Si l'on porte la vue sur le commerce extérieur, on trouvera la maxime, regardée comme *une absurdité évi-*

évidente par l'auteur *de l'ordre naturel & essentiel des sociétés politiques*, vraie généralement & dans toute son étendue. Ce commerce donne à la nation les mêmes avantages que le commerce intérieur, & il ajoute à ces avantages celui d'accroître la richesse de l'Etat, 1° en y ajoutant des richesses de l'étranger par la vente des productions nationnales au meilleur prix possible; 2° en procurant à la nation les productions étrangéres dont elle a besoin, aussi au meilleur marché possible; 3° & enfin en ajoutant à la somme générale des richesses de l'Etat, celles que les négocians acquiérent par le commerce avec les étrangers.

Le meilleur prix possible dans les ventes des productions nationnales dans l'intérieur, s'établit par la concurrence du grand nombre de négocians acheteurs pour compte de l'étranger; & le meilleur marché dans les achats des productions étrangéres pour compte de l'Etat, s'établit de même par la concurrence du grand nombre de négocians qui font l'importation des productions étrangéres. Ce sont-là dans l'ordre naturel des sociétés, les effets du commerce légitime. Il doit paroître bien étrange que l'auteur ait trouvé que les bénéfices des négocians, qui par leur génie, leurs travaux, leurs fonds & leur crédit, procurent de si grands avantages à l'Etat, sont onéreux aux échanges qu'il suppose se faire entre les propriétaires, de leurs productions respectives, échanges qui n'ont jamais lieu, qui ne pourroient se faire sans le secours des négocians, & qu'il appelle cependant le commerce.

Voici encore quelques idées neuves & quelques raisonnemens singuliers de cet auteur, qui ont séduit beaucoup de gens, & qui en détruisant la vraie idée des fonctions du commerce dans l'ordre naturel des Sociétés, introduiroient dans leur administration une infinité d'erreurs destructives.

Croire qu'une nation peut accroître infiniment son numéraire & par conséquent multiplier toutes ses productions, étendre ainsi ses richesses, sa population & sa puissance par le commerce extérieur, seroit-ce croire une chose impossible, *une absurdité* evidente ? l'auteur *de l'ordre* na-

naturel des sociétés politiques le prétend. „Avec de l'argent, dit-il, on achete des marchandises & avec des marchandises on achete de l'argent. C'est toujours échanger une valeur quelconque contre une valeur quelconque. Une infinité de gens n'ont pas voulu voir une vérité si simple en elle-même, & notre aveuglement nous a fait adopter des systémes monstrueux au point qu'on s'est persuadé qu'on peut toujours vendre en argent à quelqu'un qui ne vendroit rien. Cette idée paroît être le comble de l'extravagance. C'est cependant d'après cette idée qu'on a posé comme des principes incontestables, qu'il importe à une nation de faire un grand commerce d'exportation ; de vendre beaucoup en argent & d'acheter peu, se persuadant que par ce moïen le commerce l'enrichit. Dans ces prétendus principes autant de termes autant d'hérésies, qui toutes proviennent de ce qu'on ne s'est pas apperçu qu'on ne peut absolument donner de l'argent pour des marchandises, à moins d'avoir commencé par donner des marchandises pour de l'argent. *Le commerce*, ajoute l'auteur, *est un échange de valeurs égales, pratiqué par le moïen d'agens intermédiaires, ou sans ces agens, pour l'intérêt commun des échangeurs qui fournissent ces valeurs & les échangent entre eux pour les consommer.* Ainsi après une telle opération, aucun d'eux n'est ni plus riche ni plus pauvre qu'il n'étoit, quoiqu'il ait en sa possession une chose qui lui convient mieux que celle qu'il avoit auparavant. Quelle que soit une nation qui par le moïen du commerce se propose de gagner sur les autres nations, qu'elle me dise donc comment elle pourra gagner, si les autres ne perdent rien, ou comment elles pourront toujours perdre. Toutes les nations commerçantes se flatent également de s'enrichir par le commerce; mais chose étonnante, elles croïent toutes s'enrichir en gagnant sur les autres. Il faut convenir que ce prétendu gain doit être une chose bien miraculeuse; car dans cette opinion chacun gagne & personne ne perd „.

On peut juger par toutes ces assertions, que l'auteur n'a vu, que très-imparfaitement les fonctions du com-

commerce dans l'ordre naturel des sociétés. On ne pourroit les trouver vraies qu'à l'égard de deux nations qui n'auroient de commerce avec aucune autre nation. Il est certain qu'il arriveroit l'une de ces deux choses, ou que leur commerce respectif ne pourroit enrichir l'une des deux nations qu'aux dépens de l'autre, & en ce cas les gains de celle qui s'enrichiroit, ne pourroient avoir lieu pendant long-tems; ou que les deux nations resteroient toujours au même dégré de richesses. Mais supposer deux nations dans cette situation, c'est supposer une chimére. Nous avons bien plusieurs nations dont le commerce est passif en tout ou en partie, c'est-à-dire, qui laissent leur commerce extérieur dans les mains des étrangers; mais toutes ont des rélations de commerce avec différentes nations commerçantes auxquelles elles vendent le superflu de leurs productions, & de qui elles reçoivent celles qui leur manquent pour leur consommation. C'est ainsi que la Pologne & la Russie vendent aux autres nations, des grains, de la cire, du chanvre, du fer, &c. qui leur vendent des vins, des eaux de vie, des fruits, &c. des toiles, des étoffes de soïe & de laine de toutes sortes, &c. Les nations qui font ce commerce avec la Pologne & la Russie, gagnent certainement. La Hollande les païe en partie avec ses épiceries & autres productions des Indes Orientales, & en partie en argent, & revend ce qu'elle en tire avec bénéfice. La France païe ce qu'elle tire de la Russie & de la Pologne avec ses vins, ses eaux de vie, ses productions de l'Amérique, ses galons, ses étoffes, sa bijouterie &c. Mais comme elle fournit de toutes ces marchandises pour une valeur bien supérieure à celle des productions qu'elle tire, la Russie & la Pologne lui païent nécessairement en argent la valeur de cet excédent. L'Angleterre est en concurrence avec la France dans le commerce de la Russie & de la Pologne à l'égard des productions de l'industrie; & l'Angleterre, les villes Anséatiques & la Hollande sont en concurrence à l'égard du commerce d'économie.

Le Portugal dont le commerce eſt auſſi entiérement paſſif, eſt approviſionné de grains, d'étoffes de ſoïe & de laine, & de toutes ſortes de productions de l'induſtrie, par les autres nations, qu'il païe avec des productions de ſon cru & des deux Indes; & comme ſes productions ne ſuffiſent pas pour païer ce qu'il reçoit, il païe l'excédant avec l'or du Bréſil.

Que la France & l'Angleterre, qui ſont, comme la Ruſſie, la Pologne & le Portugal, des nations agricoles, la Hollande & les villes Anſéatiques qui ne font qu'un commerce d'économie, gagnent avec la Ruſſie, la Pologne & le Portugal, ou ſi l'on veut, ſur ces trois nations, cela eſt ſans difficulté. Leurs bénéfices ne feront-ils qu'une illuſion ſur le prétexte que ſi ce gain étoit réel, la Ruſſie, la Pologne & le Portugal ne ceſſeroient de s'appauvrir, & qu'enfin ce gain deviendroit nul? C'eſt ici le cas où une nation gagne ſur une autre par le commerce ſans l'appauvrir. Les nations qui font le commerce actif & d'induſtrie de la Ruſſie, de la Pologne & du Portugal, gagnent ce que ces trois nations gagneroient elles-mêmes, si elles avoient un commerce actif & d'industrie. Elles ne perdent pas ce que les autres gagnent avec elles, mais elles manquent de le gagner. Elles gagnent d'ailleurs incontestablement le prix qu'on leur paie de leurs productions naturelles. L'achat que les nations étrangéres en font, en augmente l'abondance ou tout au moins l'entretient, & augmente ainsi, ou entretient leur puissance & leur prospérité. La maxime est certaine, que la consommation est la mesure de la réproduction. Ainsi plus les nations étrangéres tirent des productions de la Russie, de la Pologne & du Portugal, plus elles les enrichissent, & il est certain que ces nations deviendroient pauvres, si les autres nations cessoient de gagner sur elles, parcequ'alors leurs productions leur resteroient invendues: les Russes cesseroient de cultiver le chanvre, de cueillir la cire, les Polonois de labourer leurs terres, les Portugais ne voudroient plus se donner la peine de tondre leurs brebis, &c. Ce n'est que parceque les gains des nations étrangéres sont réels, que ces trois nations sont animées à perpétuer l'abonbondance de leurs productions. Or il est évident que cette abondance n'est une richesse réelle pour elles, que par la vente qu'elles en font, & que le gain réel de celles qui les achetent, soit avec de l'argent ou par des échanges, bien loin de les appauvrir, leur procure un bénéfice réel & les enricit.

Personne n'ignore que toutes les nations ont une balance avec toutes celles avec lesquelles elles ont des rélations de commerce, que cette balance est désavantageuse avec les unes & avantageuse avec les autres, que les désavantages de celle-là sont nécessaires pour se procurer les avantages de celle-ci; & que ce sont les avantages du commerce d'une nation en général, qui constituent ceux de sa balance. Toutes les nations s'attachent à se procurer une balance avantageuse, ce qui ne peut se faire que par une riche agriculture, ou par les efforts de l'industrie, ou par un grand commerce, soit en Europe, soit dans les trois autres parties du monde, ou par ces trois sources réunies, comme elles le font en France & en Angleterre. La Hollande, les villes

Anſeatiques, Gênes, Veniſe &c. ſe procurent une balance avantageuſe par l'induſtrie & la commerce d'économie; & la Ruſſie, la Pologne, le Portugal, par l'abondance de leurs productions naturelles. Toutes les nations agricoles vendent ainſi plus qu'elles n'achetent: & le plus ou le moins eſt ce qui conſtitue le plus ou le moins de richeſſe & de puiſſance.

Dans l'ordre naturel, il en eſt des nations entr'elles, comme des citoyens d'un Etat entr'eux. Celui qui a les denrées comme cultivateur ou propriétaire foncier, n'eſt point riche lorsqu'il n'en a que la quantité ſuffiſante pour répondre à ſes beſoins. Celui qui en a au-delà, échange ſon ſuperflu pour de l'argent, qu'il emploit à améliorer ce qu'il poſſéde ou à faire des acquiſitions nouvelles. Cet homme s'enrichit. Que l'auteur de *l'ordre naturel & eſſentiel des ſociétés politiques*, nous diſe aux dépens de qui? Qui il appauvrit par ſes gains annuels? Une nation ne s'enrichit point autrement par le commerce, & s'enrichit auſſi ſurement par l'échange de ſon ſuperflu, ſoit de ſes productions natuturelles, ſoit de ſon induſtrie, pour de l'argent. Car le commerce extérieur donne le même avantage à l'induſtrie, qu'à l'agriculture.

On s'eſt bonnement perſuadé, dit cet auteur, que la nation s'enrichiſſoit quand on voïoit les négocians nationnaux s'enrichir. C'eſt ſelon lui une erreur dans laquelle ſont tombés des hommes d'une grande réputation.

On a raiſon de voir dans les richeſſes des négocians nationnaux, celles de l'Etat. On ne ſe trompe point. Il eſt démontré que les négocians, même ceux qui ne s'occupent que du commerce intérieur, ne peuvent s'enrichir qu'en enrichiſſant l'Etat. S'il faut quelquefois diſtinguer leur intérêt de celui de l'Etat, ce n'eſt qu'à l'égard de quelque négociant particulier, mauvais citoyen, qui ſe livre à un commerce prohibé. Mais il ne s'agit pas ici de cette ſorte de commerce dont les bénéfices ſont un vol fait à la nation. Il n'eſt queſtion que d'un commerce libre & légitime; & l'on juge bien de la fortune d'un Etat qui poſſéde un grand nombre de négocians riches, en le croïant opulent, si ces négocians font son commerce de propriété; parceque leur fortune suppose un commerce florissant dans l'Etat, & que le commerce ne peut être florissant chez une nation agricole, sans que l'industrie, l'agriculture & la population, soient aussi dans un état florissant. Ainsi là où l'on a favorisé les négocians nationnaux, on a favorisé l'intérêt général de l'Etat; parcequ'il en est de leur intérêt, comme de celui des cultivateurs & des hommes industrieux; c'est de tous ces intérêts particuliers que résulte l'intérêt général. Leurs richesses font d'ailleurs partie de la somme générale des richesses de l'Etat; elles y multiplient les consommations intérieures, les moïens de subsistance & les ressources.

On a dejà observé que les besoins respectifs du premier vendeur & du dernier acheteur consommateur sont la cause du commerce. Sans ces besoins il n'y auroit point de commerce, il n'y auroit pas même de société. Ce sont précisément les opérations qu'exige la vente des marchandises pour parvenir au consommamateurs, qui constituent le commerce, & qui ont donné lieu à tous les principes de cette science. Que vous importe que je donne aux frais de toutes les opérations de commerce, ainsi qu'aux bénéfices des négocians, le nom de valeurs nouvelles? Est-il rien de plus certain que l'existence de ces valeurs nouvelles? Le consommateur qui achete du caffé, du thé, des épiceries, &c. à Francfort, les païe une valeur quelconque de plus, que celui qui les achete à Amsterdam; & cette valeur est composée des bénéfices des négocians & de celui des entrepreneurs des transports. Ces bénéfices sont une production du commerce pour Amsterdam & Francfort, qui est prise tant sur le premier propriétaire vendeur, que sur le dernier acheteur consommateur. Cette production, qui est une perte pour ceux-ci, n'en est pas moins une valeur réelle pour les négocians de Francfort & d'Amsterdam & pour les entrepreneurs des transports. On ne connoit ici qu'un seul intérêt pour le premier vendeur, qui est d'obtenir le meilleur prix possible, & pour l'acheteur,

qui

qui est d'acheter au meilleur marché possible. Ce sont-là les avantages que les négocians procurent à l'un & à l'autre par leur concurrence aux achats & aux ventes; & comme toutes les nations territoriales sont composées de premiers vendeurs & de consommateurs, elles ont toutes intérêt de voir les négocians se multiplier chez elles autant qu'il est possible; parceque c'est le plus grand nombre qui établit la plus grande concurrence, qui seule donne l'avantage des bonnes ventes & des bons achats. C'est-là ce que la perfection de l'ordre naturel de nos sociétés actuelles exige à l'égard des progrès de l'agriculture, de l'industrie & du commerce.

Toutes les nations s'occupent aujourd'hui de la recherche des moïens de se donner une balance avantageuse, c'est-à-dire, d'acheter peu des étrangers & de leur vendre beaucoup; & toutes sont dans l'erreur suivant le systéme de l'auteur de *l'ordre naturel & essentiel des sociétés politiques.*

„ En général, dit-il, on n'a qu'une idée très fausse de la richesse,

&

& conséquemment du meilleur état possible d'une nation. Nombre de gens par le terme de richesse n'éntendent autre chose que de l'argent; ils se persuadent que l'argent est le principe & la mesure de la prospérité d'une nation. Il est pourtant vrai qu'avec plus d'argent, on peut être plus pauvre „.

L'auteur n'a pas fait assez d'attention au prix & à toutes les fonctions de l'argent.

Si l'or & l'argent n'étoient utiles que comme métaux, ils auroient un prix rélatif à leur dégré d'utilité, comme les autres métaux, & ne seroient pas plus un signe de richesse dans aucun Etat, que toute autre production. Mais l'argent étant le signe des valeurs, les représentant & en prenant la place dans les mains des propriétaires, son abondance chez quelque nation que ce soit, est nécessairement une richesse & une partie constituante de sa prospérité. Il faut cependant admettre une distinction très-importante, qui n'ôte rien à l'argent de son prix. Car partout l'argent comme signe des valeurs, est la sémence de l'argent. Ce n'est qu'aqu'avec de l'argent qu'on acquiert des valeurs, & ce n'est qu'avec des valeurs qu'on aquiert de l'argent. De ce principe il s'ensuit que chez une nation, qui n'est qu'industrieuse ou commerçante, l'abondance de l'argent n'est qu'une richesse factice & précaire, parceque cette abondance n'étant que le fruit d'un art lucratif, n'a point chez elle de principe productif immuable ou permanent. Mille accidens peuvent détruire la source de cette abondance. C'est-là la richesse de la Hollande & des autres Républiques commerçantes. L'abondance de l'argent annonce une richesse plus solide chez une nation où elle est le prix des productions du territoire. L'argent y est l'agent qui y anime l'agriculture & qui y augmente sans cesse l'abondance de ses productions. Or cette abondance de productions ne se renouvelle tous les ans, que par la vente que le cultivateur fait de son superflu pour de l'argent, avec lequel il a de quoi païer toutes les charges qui tombent sur lui, de quoi fournir à tous ses besoins & païer les frais de culture qu'exige la réproduction: & ce sont les avantages de la balance du commermerce soldés avec de l'argent; qui perpétuent cette prospérité dans l'intérieur de l'Etat, en tenant toujours en activité le principe productif de sa vraie richesse.

Le même auteur rejette également les valeurs nouvelles que l'industrie ajoute aux productions nationales (a). Il a prétendu en avoir démontré le faux; ce qui est, dit-il, *l'un des plus importans services qu'on puisse rendre à l'humanité.* Il s'est particuliérement attaché à la fabrication des dentelles, pour prouver qu'il est égal à une nation de vendre ses productions mises en œuvre, ou de les vendre brutes, & que la main d'œuvre n'y ajoute aucune valeur.

„ Dans l'opinion, dit-il encore, de ceux qui se persuadent que l'industrie multiplie les valeurs, les fabricans de dentelles doivent être des personnages bien importans: par leur entremise une valeur de 20 sols en lin brut devient une valeur de

 mil-

(a) C'est aussi le systéme de l'auteur de *la philosophie rurale*; de celui du *bilan de l'Angleterre*, &c.

mille écus, accroissement prodigieux de valeur & de richesse pour ceux qui le manufacturent ainsi! Modérés votre enthousiasme, aveugles admirateurs des faux produits de l'industrie: avant de crier miracle ouvrez les yeux, & voiez combien sont pauvres, ou du moins mal-aisés ces mêmes fabricans qui ont l'art de changer 20 sols en une valeur de 1000 écus. Au profit de qui passe donc cette multiplication énorme de valeurs? Elle n'est que le prix des consommations „. D'ou l'auteur conclut que la nation qui possede cette branche de l'industrie, ne gagne pas plus à vendre ses dentelles, qu'elle gagneroit à vendre son lin en nature.

Le même raisonnement s'applique à toutes sortes de manufactures. Car l'augmentation prodigieuse de valeur ne décide autre chose ici, que la cherté de la fabrication provenant non de la cherté de la main d'œuvre, mais de la longueur du tems que demande l'ouvrage. L'augmentation de valeur consiste, comme celle de tout autre ouvrage de l'industrie, dans les bénéfices des ouvriers

&

& des entrepreneurs. Il faut ajouter à l'égard de la fabrication des dentelles, qu'elle a l'avantage de n'occuper que des mains foibles, qui sans cela seroient la plûpart absolument oisives.

Pour en juger mieux, il faut observer cette fabrication dans le Brabant, le païs où l'on fait le plus de dentelles & les plus belles. Cette industrie y occupe 12 ou 15000 ouvriéres depuis l'âge de 10 à 12 ans, qui gagnent par jour depuis un escalin jusques à quatre (*a*), lorsqu'il y a de la demande. Plus de cent négocians dirigent ce travail ; & leur commerce de cet article avec l'étranger, qui est de plusieurs millions tous les ans, leur donne un bénéfice depuis 20 jusqu'à 30 p $\frac{0}{0}$. La main d'œuvre donne un bénéfice aux ouvrières qui n'est point absorbé par leurs consommations des productions nationales, & celui des négocians l'est bien moins encore. Que conclure de-là ? Que l'étranger paie nécessairement au Brabant une balance

(*a*) L'escalin vaut environ 12 sols de France & 6 sols de Hollande.

en argent pour cet article, qu'il ne paieroit pas s'il en tiroit le lin brut & les denrées consommées par les ouvrières & les négocians. Il en est de même à l'égard de toutes les manufactures qui ont des consommateurs étrangers, avec plus ou moins d'avantage.

Mais pourquoi une fabrique si riche n'est-elle pas plus étendue, vû l'extrême abondance de la matiére premiere & la facilité des préparations qu'on lui donne pour produire des ouvrages d'un si grand prix? La raison en est bien simple & bien sensible; elle est dans l'ordre naturel. Il en est de cette manufacture comme de toutes les autres: elle reçoit ses limites à l'égard de l'étendue qu'on pourroit lui donner, du montant de la consommation; & celles de son prix, de la concurrence des ouvriéres, de celle des entrepreneurs ou négocians qui les dirigent & en font le commerce, & de la demande qui anime plus ou moins cette concurrence. C'est par cette raison que lorsqu'un deuil, la guerre, des calamités publiques suspendent les consommations du luxe, les dentelles

tom-

tombent de prix de 25 jusqu'à 50 p $\frac{0}{0}$. Dans ces tems-là on fabrique infiniment moins, & la main d'œuvre est beaucoup moins chére. La fabrication feroit même entiérement fufpendue, fi un grand nombre de négocians ne fefoient pas travailler alors par fpéculation; ce pui prouve que ce genre d'induftrie dans les tems où le prix n'en eft pas avili par des évenemens publics, donne à l'Etat qui le poffede, de grands bénéfices au-delà de l'avantage de la confommation des productions de l'agriculture, que l'étranger païe fous cette forme.

Le prétendu prix néceffaire de tous les ouvrages de l'induftrie, qu'on rédut à la reftitution des dépenfes que l'homme induftrieux a faites, & qui ne lui permet de trouver du profit, que dans fon économie fur fes dépenfes, n'exifte que dans l'idée qu'on s'eft faite, pour établir un fyftéme qui ne préfente rien d'utile.

Il n'y a dans le commerce, comme on l'a dejà obfervé, de prix néceffaire, que celui que la concurrence établit. Si cette concurrence ne laiffe d'autre bénéfice à l'homme industieux, que le recouvrement de ses dépenses & les ressources d'une économie recherchée, la manufacture tombe immédiatement. C'est ce qui arrive tous les jours aux manufactures établies dans les païs où la main d'œuvre est chére, ou le devient. La concurrence ne permettant point dans ce cas, de bénéfice au-delà de ce prix prétendu *prix nécessaire*, c'est-à-dire au-delà des dépenses, anéantit infailliblement les manufactures, à moins que l'administration ne les soutienne par une consommation intérieure exclusive, & c'est-là ne conserver qu'une foible partie des avantages de l'industrie.

Concluons donc, que les profits des agens de l'industrie, qui n'ont point d'autre source que les formes nouvelles qu'ils donnent aux matiéres brutes, sont dans l'Etat, des valeurs nouvelles ajoutées par l'industrie aux matiéres brutes, valeurs nouvelles que l'industrie réproduit annuellement, soit qu'elles se consomment dans l'intérieur, soit qu'elles soient exportées. Au premier cas l'Etat gagne à ne point paier ces valeurs à l'étranger, au second cas il il gagne le prix de ces valeurs nouvelles sur l'étranger.

Dans le systéme des auteurs dejà cités, il faudroit chez les nations, qui ont des établissemens dans les deux Indes, rejetter le commerce de l'Amerique & celui des Indes orientales, comme ne pouvant rien ajouter à la richesse nationale, & destructifs de leur population, c'est-à-dire de leur richesse naturelle.

§. 8. Du commerce de l'Amérique & des Indes Orientales.

Qu'on s'arrête à la France, pour apprécier les avantages du commerce de l'Amérique; on jugera sainement sur les mêmes principes, des avantages de ce commerce à l'égard des autres nations propriétaires des colonies de l'Amerique, proportionnés à leur situation respective.

(*a*) Avant les établissemens que la France a formés dans l'Amérique meridionale, les François étoient les manufacturiers presque de toute l'Europe; on apportoit beaucoup moins d'étoffes & de toiles des Indes Orientales, l'industrie des autres nations étoit fort bornée, & l'industrie

(*a*) Voyez les intérrêts des nations &c.

françoise n'avoit presque point de concurrence à soutenir ; la France n'avoit pas besoin de traverser les mers pour aller chercher de l'argent, toutes les nations s'empressoient de lui apporter le leur pour obtenir des denrées de son cru & des ouvrages de son industrie ; & donnoient ainsi une étendue infinie à son agriculture & à son industrie. .

Depuis cette époque,presque toutes les nations de l'Europe sont devenues industrieuses. La diminution des consommations des manufactures de France a été encore augmentée infiniment par l'accroissement immense des retours des Indes Orientales en étoffes & en toiles. La consommation chez l'étranger des vins & des eaux de vie de la France à été resserrée par les progrès des vins étrangers, des brasseries & des fabrications. Qui ne conviendra que si la France étoit restée dans cet état de diminution de consommation des fruits de son cru & de son industrie chez l'étranger, elle se seroit infiniment affoiblie, & d'autant plus sensiblement, que la consommation des denrées de l'Amérique s'etant introduiduite & infiniment accrue chez elle, rien n'auroit pu lui tenir lieu du numéraire à païer tous les ans à l'étranger pour s'en pourvoir? La population de la France, & par conséquent sa puissance, seroient diminuées en proportion de cette augmentation de consommation de productions étrangéres & de cette diminution de consommation de productions nationnales.

Qu'est-il résulté de ses établissemens dans l'Amérique méridionale? Leurs productions lui ont épargné la dépense qu'elle eût été forcée de faire pour sa propre consommation des denrées de l'Amérique, & lui ont procuré un superflu qui remplace avec un grand avantage les consommations qu'elle a perdues en Europe, des denrées de son cru & des fruits de son industrie. Elle a aquis en Amérique à peu près le nombre de consommateurs qu'elle a perdus en Europe; & ses consommateurs la paient en denrées qu'elle vend à l'Europe pour un somme qui excéde de beaucoup celle qu'elle a perdue par la diminution de ses consommations en Europe. Elle a infiniment gagné à cet échange.

On a estimé en tems de paix les retours des colonies françoises cent quarante millions. La France cependant n'envoit point d'argent en Amérique, & ne donne en païement de ces retours, que des productions de son cru & de ses manufactures, à l'exception des salaisons d'Irlande, dont elle achete pour environ cinq millions. Il est certain que la France ne consomme qu'une petite partie de ces retours, dont la majeure partie est achetée par les étrangers, qui païent ainsi indirectement à la France la partie de ses manufactures & des denrées de son cru dont ils ont appris à se passer, parcequ'ils ont appris en même tems à ne pouvoir se passer des denrées de l'Amérique que la France leur fournit. S'il ne s'ensuit pas de-là que la France se soit fortifiée par ses établissemens dans l'Amérique, parceque des nations rivales ont acquis des richesses semblables ; il en résulte tout au moins qu'elle a conservé par l'Amérique, sa puissance rélative. Il en résulte encore contre le nouveau

sys-

ſyſtéme, que par l'Amérique en conſervant les conſommations des productions nationales, elle à conſervé une population proportionnée à ces conſommations (*a*).

L'Amérique procure à l'Angleterre les mêmes avantages: il faut ſeulement en excepter ſes colonies du Nord de l'Amérique. Nous avons démontré dans *les intérêts des nations* &c. (*b*) & dans *la richeſſe de l'Angleterre* (*c*) que ces colonies, attendu l'identité de leurs productions & de leur induſtrie avec celles de l'Europe, ſont une nation rivale, & inceſſamment un empire Européen imprudemment élevé par les Anglois en Amérique, qui y attirera un jour la vieille Angleterre, & s'emparera de tout le commerce de l'Amérique avec l'Europe aux dépens de toutes les

(*a*) On a démontré ci-devant que la conſommation d'hommes que ce commerce occaſionne, eſt bien inférieure à la population qu'il conſerve, ou qu'il fait naître par la conſommation des productions nationales & par la multiplication des moïens de ſubſiſtance.

(*b*) Edit. de 1767.

(*c*) Edit. de 1771.

les nations qui ont des colonies dans l'Amérique méridionale.

En attendant cette revolution qu'on peut prévoir dans un avenir très-prochain, il est certain que le commerce de l'Amérique est incontestablement une richesse très-solide, ajoutée à la richesse nationnale de toutes les nations qui ont des colonies dans l'Amérique méridionale.

Le commerce des Indes orientales est bien éloigné de présenter une richesse aussi étendue, aussi sensible & aussi solide, aux nations d'Europe qui en sont en possession.

(*a*) Il y a de l'excés dans les reproches qu'on a fait au commerce des Indes Orientales. Nous avons une infinité d'articles dans ce commerce dont le luxe & l'industrie de l'Europe ne peuvent se passer: tels sont le caffé, le thé, les épiceries, le salpetre, les drogues, les soïes écrues, les cauris, &c. L'Europe a

---

(*a*) Voïez *les intérêts des nations développé, rêlativement au commerce.*
Voyez aussi le *commerce de la Hollande & la richesse de l'Angleterre* sur le commerce & l'administration des compagnies des Indes.

a gagné à la découverte des Portugais l'avantage de tirer toutes ces marchandises à meilleur marché par l'océan, qu'elle ne les tiroit auparavant par la méditerranée. Il n'en est pas de même des manufactures des Indes Orientales. Il est certain que la navigation aux Indes par le cap de bonne-Espérance les a introduites en Europe avec plus d'abondance, & avec une abondance excessive; & l'on ne peut se dissimuler que ce commerce l'appauvrit doublement, en diminuant son numéraire & son industrie. La diminution du numéraire mérite peut-être peu d'attention pour le bien général. Il n'en est pas de même de l'industrie. Il est certain que les manufactures des Indes portent un préjudice immense à celles d'Europe.

C'est pour les nations Européennes qui ont les manufactures les plus riches, que le commerce des Indes Orientales est le plus désavantageux, telles que la France & l'Angleterre. Les précautions prises par ces deux nations pour empêcher chez elles la consommation des étoffes des Indes, & pour faire passer à l'étranger l'im-

por-

portation qu'elles en font, ne remédie qu'à une petite partie du mal; puisque le préjudice que leurs manufactures en reçoivent, conſiſte eſſentiellement dans la préférence que les conſommateurs étrangers qui ne fabriquent point, donnent à celles des Indes. Ces manufactures prennent une partie très-précieuſe des conſommations d'Europe & des Indes Occidentales. Ici elles détruiſent des manufactures élevées & riches; & ailleurs elles arrêtent les progrès d'une induſtrie naiſſante.

A l'égard du numéraire, les nations qui ſont en poſſeſſion du commerce des Indes, font rentrer chez elles les ſommes qu'elles envoient dans l'Inde, par la vente d'une partie de leurs retours à l'étranger, & elles ont l'avantage de ne point acheter de l'étranger la partie des retours des Indes qui eſt néceſſaire à leur conſommation, qu'elles ſe procurent ainſi de la premiere main. Par-là elles ne reçoivent aucun préjudice de l'exportation du numéraire que ce commerce exige. Il importe fort peu d'ailleurs au bien général de l'Europe, que ce commerce diminue la

ſomfomme du numéraire, qui y eft en circulation. L'abondance de l'or & de l'argent repandus en Europe, ne fauroit avoir d'autre effet, que celui de diminuer leurs fonctions. Comme fignes ils repréfenteront moins; & la difette les rendant plus chers, ils fignifieront davantage, fansque dans l'un & l'autre cas il en réfulte aucun inconvénient pour l'intérêt général. Ainfi l'Europe eft fans intérêt dans le commerce des Indes Orientales à l'égard du numéraire.

Pour connoître tous les avantages du commerce des Indes Orientales pour les nations qui le font, l'intérêt des actionaires eft le dernier objet, qui rélativement à celui de l'Etat, doit attirer l'attention. Il faut porter fes regards fur les chantiers, fur les magafins des compagnies des Indes, fur les travaux, fur les moïens de fubfiftance qu' elles multiplient pour le peuple; il faut obferver encore les objets de commerce qu'elles ajoutent à la fomme générale du commerce naturel de leurs nations refpectives; il faut apprécier les bénéfices particuliers qu' un nombre infini de négocians nationtionnaux font sur leurs retours ; les bénéfices du magasinage, du courtage, de commission, de banque & de fret, indépendamment de toute spéculation particuliere, qui sont païés par les étrangers. Observez que tous ces travaux, tous ces bénéfices, sont autant d'agens qui animent l'industrie nationnale, étendent les consommations, & donnent par les consommations, de nouvelles forces au principe productif de la vraïe richesse nationnale, à l'agriculture.

L'Etat doit protéger sans doute l'intérêt des actionaires ; mais le produit des actions plus ou moins grand est étranger aux avantages qu'on vient d'observer, lorsque les brigandages secrets de l'administration d'une compagnie des Indes ne rendent pas cet intérêt absolument nul. Car dans le cas où l'éxcès des abus de l'administration absorbe l'intérêt des actions, il est évident que le Capital de la compagnie se dégrade, se dissippe plus ou moins, son crédit tombe, & cette situation annonce à l'Etat la perte prochaine du commerce des Indes ou une grande diminution, & par conséquent la nécessité de re-

pri-

primer des abus & de rétablir un meilleur ordre dans l'administration. C'est alors que le gouvernement doit examiner le bilan de sa compagnie des Indes & porter son attention sur tous les détails de son administration en Europe, de sa Correspondance, de son administration de tous ses comptoirs dans les Indes, de sa navigation d'Inde en Inde, sur la nature du commerce des Indes dans les Indes mêmes; enfin sur la fidélité des officiers qui font ce commerce ou qui doivent le faire pour le compte de la compagnie, & par ce commerce préparer dans le comptoir principal, les retours que les vaisseaux de la compagnie doivent faire en Europe de la maniére la plus avantageuse.

Une compagnie des Indes est une espéce de République formée dans le sein de l'Etat. C'est un empire singulier formé par le génie du commerce dans le dernier siécle, dont l'histoire du monde n'offre point de modéle, & dont le gouvernement est aristocratique. Les actionaires ne sont presque que le peuple soumis quant à leur intérêt, à cette espéce de gouvernement. Les Compagnies ont dans leurs établissemens dans les Indes la pleine Souveraineté : elles y possedent une pure Monarchie plus ou moins étendue, & leurs représentans y vivent comme les plus grands Potentats des Indes. Dans le sein de l'Eat, ce Souverain est confondu parmi ses autres sujets, & sa Souveraineté est tellement un domaine de l'Etat, que la compagnie n'en jouit qu'a titre de privilége, qui doit être renouvellé de tems en tems pour être continuée dans sa possession. L'Etat peut supprimer ce Souverain, quand il veut, & lui en substituer un autre. Tel est le fondement du droit qu'a l'Etat, de veiller sur l'administration de sa compagnie.

Les compagnies ont fait des dépenses énormes pour former leurs établissemens, tant dans les Indes, qu'en Europe. Les bénéfices du commerce des indes dans la naissance des compagnies ont été assez grands pour fournir à la rentrée de ces premieres dépenses, aux dépenses courantes, & à des répartitions annuelles aux actionnaires, qui furent portées par la compagnie hollandoise jusques à 75 p % en 1606,

dans

dans les tems même qu'elle formoit ses établissemens les plus dispendieux, & présque tous les armes à la main. Ses repartitions sont diminuées depuis long tems de plus des deux tiers (*a*), & cependant ses dépenses sont réduites à celles de l'entretien de l'administration, & aux dépenses qu'exige la marche ordinaire de ce commerce.

On trouve deux causes d'une si grande réduction, qui doit étre à peu prés la même chez les autres compagnies. La premiere est la concurrence des autres compagnies, qui a resserré les bénéfices de ce commerce. La seconde consiste dans les abus, dans l'infidélité de l'administration, soit en Europe, soit dans les Indes. La premiere cause ne peut être attaquée que par les efforts du génie du commerce, & attendu qu'à cet égard

 les

(*a*) Les répartitions se sont toujours faites sur le pié du premier capital, & non sur le pié du prix actuel des actions dans le commerce. Sur le pié de ce prix actuel, les répartitions ne donnent que rarement jusques à 4 p % aux actionaires: mais elles sont depuis un très grand nombre d'années de 18 à 20 p %. du capital fourni à la compagnie par les actionaires.

les compagnies ont à peu prés les mêmes avantages, leur concurrence doit tenir la balance presque toujours égale, si on en excepte le commerce exclusif du japon & celui de la canelle, du girofle & de la muscade, dont la compagnie de Hollande est en possession.

On peut resserrer beaucoup les effets de la seconde cause, mais on ne peut la détruire : le gouvernement peut parvenir à connoître la plûpart des abus, des malversations qui se commettent dans les différens comptoirs de sa compagnie, & les reprimer par la sagesse de quelques réglemens.

On a souvent reproché aux directeurs des commagnies, de s'être approprié une bonne partie du commerce des Indes orientales, & il est assez connu que les gouverneurs, les directeurs & les principaux émploïés dans leurs comptoirs, ont tourné à leur profit le commerce d'Inde en Inde, commerce qui est la base du bénéfice du commerce des Indes en Europe ; on a abusé des ports permis ; on reproche aux emploïés de la compagnie de Hollande d'avoir emploïé

ploïé les fonds, les vaisseaux mêmes de la compagnie à faire le commerce pour leur propre compte. Un seul exemple suffit pour faire connoître le préjudice immense que le commerce clandestin des emploïés porte aux com pagnies. Ils achetent l'opium à Bengale de 70 à 75 roupies, & le vendent à Batavia depuis 200 jusqu' à 225. (*a*).

Un semblable désordre regne dans l'administration de toutes les compagnies. On peut le resserrer assez pour conserver aux compagnies la possibilité de continuer leur commerce avec un bénéfice quelconque; mais il est impossible de le détruire tout-à-fait; parcequ'il sera toujours impossible de donner aux Européens emploïés dans les Indes, l'amour désintéressé de la patrie & l'exacte probité qu'exigent leurs emploïs, aux dépens de leur fortune. Ainsi le gouvernement aura fait une opération très-difficile, si par de bons réglemens, si par les plus

(*a*) Rélation de *Graaf* donnée à la compagnie des Indes de Hollande.

ſages précautions, il eſt parvenu à conſerver le capital de ſa compagnie avec aſſez de bénéfice pour procurer des répartitions annuelles aux actionaires, qui leur rendent à peu prés l'intérêt du prix actuel de leurs actions de 3. à 4. ou 5 p $\frac{0}{0}$. Le gouvernement aura ainſi conſervé la richeſſe du commerce des Indes Orientales rélativement à l'intérêt de l'Etat. Telle eſt depuis un grand nombre d'années la ſituation de la compagnie de Hollande: elle enrichit plus ou moins tous les ſujets emploïés dans les Indes, & ſes repartitions annuelles ne donnent à ſes actionnaires, qu'environ 3 à 4 p $\frac{0}{0}$ de leur capital actuel, ſur les quelles l'Etat leve un demi pour cent d'impôt. Les actionnaires jouiſſent dans le ſilence de ce modique intérêt, & l'Etat eſt content de voir que les retours des Indes donnent à peu prés toujours les mêmes avantages à la population, à l'induſtrie & au commerce de la République.

Il n'eſt pas douteux, que ſi l'Etat parvenoit à reprimer tous les abus répandus dans tous les détails de l'adminiſtration de ce commerce, & à mettre en répartitions annuelles

tous

tous les bénéfices que ce commerce peut donner, ce commerce pourroit être alors la source d'un secours très-important pour les besoins de l'Etat par la voïe d'une contributien directe, telle que celle que le gouvernement d'Angleterre avoit voulu exiger, il y a peu d'années, de sa compagnie, portée jusques à 400000 liv. St. Mais les abus de l'administration surtout dans les Indes, qui échapperont toujours à la rigueur des Loix & a la vigilance la plus recherchée, ne permettront jamais que de foibles répartitions à faire aux actionnaires, & qu'un impôt très-médiocre, tel qu'il est sur la compagnie de Hollande.

Le gouvernement pourra-t-il concevoir une espérance mieux fondée, de trouver des subsides plus étendus dans sa compagnie, lors qu'il lui permettra de former dans les Indes une puissance territoriale, telle que la compagnie de Hollande a établie depuis si long tems, & que celle que la compagnie de l'Angleterre s'efforce d'établir depuis quelques années? L'on n'a vu jusqu' à présent dans la puissance territorialede la compagnie de Hollande, que l'avantage de protéger & de soutenir son commerce dans le meilleur état possible. Il n'en est point résulté d'autre, ni pour les actionnaires, ni pour la République. L'entretien des forts, des troupes, d'une marine permanente dans l'Inde, de gouverneurs, d'officiers, de troupes de terre & de mer, de conseils & d'administration des finances, tous ces frais & les faux frais ont toujours absorbè tout ce que les subsides des sujets du territoire pouvoient produire. La compagnie Angloise doit éprouver la même chose. Son état actuel l'annonce assez. Elle a actuellement à sa solde dans les Indes 63800 hommes de troupes reglées, savoir 9800 Européens & 54000 *Sipayes* ou Indiens; & ses dépenses connues par année dans les Indes montent actuellement à un million sept cens mille liv. sterl. On se propose de faire une réforme qui produira, dit-on, une épargne de 500000 liv. sterl. Mais comme on ne parviendra jamais à réformer les abus secrets, il n'y a pas d'ap daren ce que les officiers & les emploïés dans les Indes permettent jamais qu'il parvienne én Europe aucune

par-

partie confidérable des finances de la puiſſance territoriale de la compagnie, ni même la totalité des bénéfices du commerce d'Inde en Inde, à moins que le gouvernement ne parvienne à transformer les Anglois des Indes en Anglois d'Europe.

Le réglement que le Parlement vient de faire par un Bill, *pour les affaires de la compagnie des Indes*, ouvre la porte à des abus nouveaux, & peut-être à de plus grands encore que ceux que le gouvernement s'étoit propoſé de reprimer. Il eſt ſingulier qu'on ait imaginé pour remédier aux abus de l'adminiſtration de la compagnie des Indes & en prévenir de nouveaux, de livrer toute l'adminiſtration, tant des affaires politiques de la compagnie, que de celles de ſes revenus & de ſon commerce, à la direction particuliere du Roi, ſans l'intervention de la compagnie des Indes, ni d'aucun autre corps. C'eſt mettre les principaux officiers dans l'indépendance de la compagnie, c'eſt les autoriſer à diriger à leur gré la juſtice, les finances & le commerce de la compagnie. Sans s'arrêter à ce qu'il y a d'illégal dans ce réglement, pour regarder cette disposition comme une réforme avantageuse, il faut nécessairement faire une supposition bien absurde: car il faut supposer qu'il sera plus facile au Roi qu'à la compagnie, de nommer des officiers d'une capacité suffisante, d'une exacte probité & d'un parfait désintéressement; & qu'il sera encore plus facile au Roi de connoître les abus qui surviendront, & d'y pourvoir, qu'à la compagnie. Il ne doit naturellement résulter de ce Bill, qu'un grand préjudice porté à la compagnie, une porte ouverte à de plus grands abus que ceux dont on s'est plaint; & une nouvelle branche de pouvoir donnée au Roi, un nouveau moyen ajouté à ceux qu'il a dejà, de transformer le gouvernement actuel en un gouvernement purement monarchique. Les moyens d'accroitre le pouvoir sont sans cesse fortifiés aujourd'hui par le luxe, qui attache la majeure partie des citoyens à celui qui donne tous les emplois de l'Etat, car ces emplois forment dans ses mains une grande somme d'intérêts personnels à distribuer. Cette somme infiniment accrue

par

par le Parlement d'Angleterre dans les mains de ſon Roi, conduit néceſſairement la nation à la Monarchie abſolue.

On a ſouvent propoſé de rendre le commerce des Indes Orientales libre à tous les négocians nationnaux, dans l'idée que la liberté rendroit ce commerce plus riche & plus utile pour l'Etat. Les avantages de la liberté que le commerce demande en général, ont donné lieu à une infinitè de raiſonnemens ſpécieux, que leurs auteurs ne ſe ſeroient pas permis, s'ils avoient eu des connoiſſances exactes du local & de la pratique de ce commerce dans les Indes. Ce commerce doit être ſans ceſſe protégé par la force & par une puiſſance locale & bien-active contre les naturels du païs & contre la jalouſie & les entrepriſes des Européens; ce qui exige des dépenſes énormes, qui ne peuvent être ſoutenues que par une compagnie ou par l'Etat. Sans cette protection, ce commerce ſeroit bientôt abandonné par les pertes infinies, qu'il donneroit aux négocians; & ſi l'Etat, pour le rendre libre & en aſſurer en même tems les ſuccès, ſe

char-

chargoit de l'entretien d'une protection si nécessaire & si dispendieuse, il est certain qu'il ne pourroit en être dédommagé par les bénéfices des négocians. Rien de tout cela ne peut être contesté. Comment ces négocians libres pourroient-ils avec des vaisseaux expédiés d'Europe, parcourir tous les païs de commerce des Indes pour assortir leurs cargaisons? Comment pourroient-ils faire le commerce d'Inde en Inde, & constituer un point de réunion à ce commerce qui est la principale base de la richesse du commerce des compagnies, & enfin entretenir pour les vaisseaux un lieu de repos pour recouvrer leurs forces & attendre la mousson pour faire avec sureté leur retour en Europe? Ces obstacles sont insurmontables, & l'on ne peut y opposer que des raisonnemens inutiles. Mais il n'en est pas moins vrai que dans la situation actuelle du commerce de l'Europe, les compagnies des Indes administrées comme l'est celle de Hollande, c'est-à-dire le moins mal qu'il est possible, ajoutent de nouvelles richesses aux richesses naturelles de leurs nations respectives.

In-

§. 9. Résultat de l'activité de l'industrie & du commerce.

Indépendemment des valeurs nouvelles que le commerce & l'industrie ajoutent aux productions de l'agriculture, & que l'étranger païe à l'Etat, l'industrie & le commerce sont les canaux nécessaires de la circulation de l'argent dans l'Etat. Ce sont ces canaux qui reportent l'argent des mains du Souverain, de celles des propriétaires fonciers, des négocians & des hommes industrieux, aux cultivateurs, & c'est cet argent, qui dans les mains de ces derniers vivifie l'agriculture. Laissez obstruer ces canaux, il faut nécessairement que l'agriculture tombe dans l'indigence par l'impossibilité, où seront les entrepreneurs de la culture des terres de faire les frais qu'exige la réproduction annuelle; & la vraie richesse de l'Etat disparoît.

§. 10. De la balance, du crédit, de l'intérêt de l'argent, & de la circulation.

On s'est infiniment occupé pendant un grand nombre d'années en Angleterre, & en France à l'imitation de l'Angleterre, dans tous les ouvrages sur le commerce, de la balance du commerce, des avantages & des désavantages du change, du crédit, de l'intérêt de l'argent & de la circulation. Les autres nations, qui s'efforcent aujourd'hui de devenir industrieuses & commerçantes, s'occupent sans cesse des mêmes objets. La balance de notre commerce, dit-on, est désavantageuse ; le change est contre nous; nous perdons sur le change; nos négocians manquent de crédit; la circulation est lente, & l'intérêt de l'argent est trop-haut. Les lettres de change sont escomptées à un trop haut prix. On fait des recherches infinies pour constater les désavantages de la balance & du change : & l'on se croit bien avancé, lorsque sur un relevé des Registres des douanes & sur des observations sur le cours du change pendant une année, on peut dire : nous perdons telle somme par année sur notre balance, & nous perdons constamment sur le change avec telles & telles nations, ou avec telles places de commerce. Le mal est certain ; on y est sensible; on cherche les moïens de le faire cesser. Et quels moïens ?

On a recours aux douanes & à l'industrie. On établit des droits d'entrée qui sont l'équivalent des défenses absolues, & l'on forme des établissemens de manufactures du

grand

grand luxe, pour diminuer l'importation. On imagine des banques, des papiers monnoïe pour établir la confiance, animer le crédit & la circulation, & l'on fait des Loix pour réduire l'intérêt de l'argent. On croit travailler ainsi avec un grand succés à se donner les avantages de la balance & du change, à engager les négocians nationnaux à faire un grand commerce, à élever l'industrie & à rendre florissant le commerce de la Monarchie. Nous ne pouvons pas nous tromper, dit-on encore, sur les désavantages de notre balance en calculant le relevé des Régistres des douanes. Le change est le thermomètre du commerce; & l'on a regardé comme un trait de lumière bien intéressant cette maxime, que *quand on veut tâter le pouls d'un Etat, on n'a qu'à examiner & calculer son change.* C'est ainsi qu'on a raisonné jusqu'à présent dans des Etats où le commerce est languissant & l'industrie en décadence, & dans d'autres où le commerce & l'industrie sont encore dans leur berceau. C'est ainsi qu'on s'est occupé à connoître & à calculer inutilement des effets ruineux, sans

ſans remonter à la premiere cauſe de ces effets, ſans remonter à la premiere ſource de la richeſſe, au principe productif, qui étant débarraſſé des obſtacles qui en arrêtent l'activité, ou le tiennent dans l'indigence, feroit ceſſer promptement les pertes de la balance & du change, ſans qu'on ſe donnât la peine de les calculer.

Ce n'eſt point par les avantages de la balance & du change, dont le calcul eſt ſujet à une infinité d'erreurs inévitables, qu'on doit eſtimer l'induſtrie, le commerce, enfin l'état de proſpérité d'une nation; mais par la ſituation actuelle du principe productif & des agens qui lui donnent toute l'activité qui lui eſt néceſſaire, dont les avantages, ou les déſavantages de la balance & du change feront toujours les effets infaillibles. Tant que le principe productif ſera ſans activité, on aura inutilement recours à l'induſtrie & au commerce, pour faire ceſſer ces pertes. Ces deux agens ne ſont rien ou fort peu de choſe, lorſque le principe productif ne leur fournit pas abondamment des productions naturelles.

Car

Car alors l'induſtrie & le commerce n'ont point d'objet. Quand on voit des pauvres en grand nombre chez quelque nation que ce ſoit, le travail induſtrieux plus cher que chez les nations rivales, ou extrémement foible, on peut juger ſurement ſans conſulter ſon change ni ſa balance, que le principe productif, l'agriculture, & ſes deux principaux agens, l'induſtrie & le commerce, ſont en décadence, que ſa population dépérit, & que ſa puiſſance ne ceſſe de s'affoiblir; ou que ſon agriculture, ſon induſtrie & ſon commerce ne font aucuns progrès, & que ſa puiſſance ne reçoit aucun accroiſſement ſenſible.

Il eſt certain, que la nation qui ſe trouve dans l'une ou l'autre de ces deux ſituations, perd néceſſairement ſur la balance & ſur le change; qu'il eſt parfaitement inutile d'en calculer les pertes qu'il eſt impoſſible de conſtater avec préciſion; & que quand on feroit parvenu à en conſtater les pertes ſans erreur, on n'en feroit pas plus avancé. Il eſt certain encore que la connoiſſance la plus exacte du défaut de confiance & de crédit fur la place ne mene à rien, qu'il n'y a aucune ressource à attendre d'une réduction d'intérêts de l'argent, ni d'une institution de papiers monnoïe, ni de l'institution d'une banque, quelle qu'en soit la forme.

On a fait autrefois dans la plûpart des Etats de l'Europe, des réductions légales de l'intérêt de l'argent, & ces réductions étoient nécessaires, tant parceque les mines des Indes Occidentales en augmentoient immensément le volume, que parceque l'intérêt étoit trop proche du Capital. Ces réductions se seroient faites d'elles-mêmes par l'abondance de l'argent chez toutes les nations, où il est attiré par la vente des productions nationnales, ou par un grand commerce d'économie. Il n'a jamais été question de réductions légales en Hollande. C'est la nation chez laquelle l'argent est tombé au plus bas prix, & ce n'a été que l'effet de l'abondance attirée par le commerce. Cette abondance l'a avili, & quoique signe des valeurs, l'argent a été en même tems marchandise, & a subi la loi du marché, où l'abondance fait baisser le prix de tou-

toutes ses valeurs. Les prix du marché sont hors de l'empire de toutes les loix. Ils se réglent toujours dans une indépendance absolue des législateurs, par le besoin, par la demande, par l'abondance ou la disette. Une réduction légale, qui peut être très nuisible, ou très utile au crédit d'un Etat débiteur, comme débiteur, suivant qu'elle est bien ou mal faite, ne sauroit donner le moindre avantage au commerce; parceque les principes seuls du commerce déterminent & fixent l'intérêt de l'argent entre les négocians: & vouloir soumettre les négocians à l'observation d'une réduction légale par des peines & des recherches, ce seroit les soumettre à une espéce d'inquisition qui ruineroit les troits quarts des négocians, & détruiroit promptement le commerce d'une nation qui auroit l'imprudence de donner une pareille atteinte à cette partie de leur liberté, en détruisant le crédit qui est le pivot sur lequel roule le commerce. Car toutes les denrées & les marchandises de l'Europe n'y sont tronsportées d'une place à l'autre, n'y circulent pour parvenir aux con-

 som-

sommateurs, que par le secours d'une somme immense de crédit entre les négocians, qui ne sauroit être remplacée par tout l'argent réel de l'Europe; & ce crédit qui est permanent, ne se soutient que par l'intérêt de l'argent, fixé par les besoins du commerce indépendamment de toute loi nationale sur l'intérêt de l'argent.

Vous n'avez qu'un moïen pour faire baisser l'intérêt de l'argent dans le commerce. Donnez à l'agriculture, au seul principe productif de la richesse d'une Monarchie, toute l'attention qu'elle exige, procurez-vous ainsi l'abondance des productions naturelles, animez ensuite ses deux principaux agens, l'industrie & le commerce, ce qui réussira infailliblement par les soins que vous pouvez si facilement prendre pour entretenir une liberté légitime, & par la bonne intelligence avec les consommateurs étrangers: l'abondance de l'argent dans l'Etat, qui sera bientôt la conséquence nécessaire de cette conduite, en fera baisser l'intérêt dans le commerce sans qu'il vous en coûte

te la moindre attention ſur cet objet particulier.

Mais pourquoi tant de ſoins, tant d'inquiétudes ſur le haut intérêt de l'argent? Votre induſtrie eſt naiſſante, & ſi vous y faites attention, vous verrez que les progrès de l'induſtrie chez les nations même les plus induſtrieuſes, demandent que l'argent ne ſoit point avili, que l'argent ſoit cher & par conſéquent à un intérêt au-deſſus de celui qu'il a chez les autres nations. Votre commerce qui doit toujours être un commerce de propriété, n'en ſera point affecté, & votre induſtrie s'élevera à un état floriſſant.

La main d'œuvre eſt l'ame de l'induſtrie. La main d'œuvre donne un bas prix ou un prix cher à toutes ſortes de fabrications, ſuivant qu'elle eſt plus ou moins chére. Elle eſt elle-même une valeur qui ſe balance avec l'abondance de l'argent. Si l'argent eſt cher, elle eſt à bas prix; & ſi l'argent eſt avili, elle eſt chére; & l'argent eſt avili, lorsque l'intérêt baiſſe. C'eſt le bas intérêt de l'argent, effet de ſon abondance & de ſon aviliſſement, qui a enchéri la main d'œuvre en Hollande & en Angleterre ; & cette cherté jointe aux droits sur les consommations, a rapidement détruit les manufactures de la Hollande, & détruit actuellement celles de l'Angleterre. Ces deux causes ont également concurru chez ces deux nations à donner aux ouvrages de leur industrie une valeur factice de 15 ou 20 p $\frac{0}{0}$, qui ne leur a plus permis de soutenir la concurrence de l'industrie étrangére.

Ces raisons devroient suffire pour faire rejetter la proposition d'introduire dans l'Etat un papier monnoïe pour secourir le commerce & l'industrie. Mais il en est de plus puissantes encore, pour faire proscrire l'idée de ce moien artificiel. On ne sauroit le perpétuer, il fait des maux infinis pendant qu'il existe, par le haussement de prix qu'il donne à toutes les choses nécessaires à la vie; après avoir répandu bien des calamités sur les peuples, il finit enfin ; & ne peut finir qu'en ébranlant la puissance de l'État. Au lieu de cette abondance de signes fictifs que l'étranger n'accepte point, qui lui don-

donne la facilité de pomper ſans ceſſe votre numéraire, & de ne vous laiſſer en peu d'années, que du papier; procurez-vous la même abondance de ſignes réels, vous le pouvez & une plus grande encore, par l'abondance des productions de votre territoire. Si vous ne portez cette fabrication ſi facile de papier monnoïe, qu'à vingt milions, vous aurez bientôt vingt milions de ſiſines réels de moins, qui paſſeront à l'étranger; vous ne vous ſerez appauvri que de vingt milions de numéraire, dont votre papier ne ſauroit tenir lieu: & ſi vous franchiſſez ces limites, tout eſt perdu. C'eſt le malheureux état de la Suéde, où la banque a multiplié le papier à l'infini en prodiguant ſes billets à quiconque a pu lui donner un morceau de terre en hypothéque. C'eſt ce qui fait qu'on n'y voit de numéraire réel, que comme on voit un phénoménе, & que ſon change lui donne conſtamment depuis un grand nombre d'années, une perte de 30 à 40 p %. perte énorme, qui n'a jamais été connue qu'en Suéde.

Les Anglois, qui ont appellé leur banque une *mine d'or*, n'ont pas voulu voir qu'une mine réelle, qui auroit multiplié chez eux le numéraire réel dans une aussi grande abondance, que leur banque a multiplié les signes fictifs, auroit porté un préjudice infini à leur industrie. Ce que l'excès du numéraire réel auroit fait, l'excès du numéraire fictif a du le faire avec d'autant plus de rapidité, que le produit de cette prétendue *mine d'or* consiste pour une partie immense en papier, dont l'Etat doit païer les intérêts, & dont il ne peut païer les intérêts qu'en accablant le peuple d'impôts (*a*).

Multipliez vos procuctions naturelles en donnant à l'agriculture les véritables soins qu'elle demande & qu'on lui a refusés jusqu'à présent; animez en même tems l'industrie nationnale, & laissez lui la liberté de leur donner toutes les valeurs nouvelles dont elles sont susceptibles, & au commerce la liberté des transports: ajoutez y la sureté & la faci-

ci-

(*a*) Voy. nos observat. dans *la richesse de l'Angl.* Edit. de Vienne.

cilité des communications & de la ſortie. Sans vous donner alors ce peine de calculer la balance, ni le change, ſans même y penſer, vous en aurez tous les avantages que vous pouvez déſirer; parceque vous rendrez pluſieurs nations vos débitrices pour de grandes ſommes, qu'elles ſeront obligées de vous païer, & qu'elles ne ſauroient vous païer qu'en perdant & en vous donnant de grands avantages ſur le change. Le crédit ſur la place ſera presque ſans limites; parceque vos négocians auront de grands objets de commerce, & qu'il y aura beaucoup d'argent chez le peuple, même chez le peuble cultivateur. La circulation ſera dans la plus grande activité, parceque les canaux de la circulation ne ſeront point obſtrués, parceque le commerce & l'induſtrie reporteront ſans ceſſe l'argent des mains du Souverain, des propriétaires & des rentiers, aux cultivateurs; & l'intérêt de l'argent tombera naturellement de lui-même, & peut-être trop à la longue pour la proſpérité de vos manufactures. Vous n'aurez à craindre que la trop grande abondance de l'argent, & que cette abondance en donnant les avantages du bas prix de la main d'œuvre à des nations rivales, ne fasse cesser l'état florissant de votre industrie. Il est certain cependant qu'avant que ce malheur arrive, vous aurez rendu à l'Etat tous les services qu'une sage administration peut lui rendre.

Le commerce, dit-on, est le pére commun des nations : on ne peut trop le célébrer. C'est lui qui par sa vigueur ou par sa foiblesse est le pouls d'après lequel on peut juger l'état de toute nation, & ses forces ou maladies secretes.

On trouve cette assertion répétée de mille manières dans la plûpart des ouvrages écrits sur le commerce. Ne vous laissez plus séduire par de semblables assertions. C'est en vous y livrant sans reserve, que vous ne voyez de prospérité que dans des manufactures & dans le commerce, & que vous vous donnez sans succès tant de peines & de soins pour les élever ; parceque votre confiance dans cette assertion vous empêche de voir dans l'agriculture la mére nourice de toutes les nations ; & de

don-

donner votre premiere attention à ce principe productif de toute richesse. C'est un coup d'œil sur vos terres & sur l'état de la population qui les cultive; qui décide un homme de bon sens sur l'état de votre puissance & de votre prospérité. Il peut se tromper sur votre industrie & sur votre commerce; mais il ne se trompera point en jugeant de votre valeur sur l'état de la population de vos campagnes, & sur celui de votre agriculture: s'il les trouve dans un état florissant, il ne vous demandera pas, si vous avez de l'industrie & du commerce, parcequ'il sait que l'un & l'autre s'établissent naturellement là où est l'abondance des productions.

S'il trouve votre agriculture en mauvais état; la réproduction des denrées & des bestiaux grossiérement négligée; il vous conseillera de vous occuper premiérement du soin d'élever votre agriculture, & de vous procurer une abondante réproduction. Les arts & le commerce, vous dira cet homme de bon sens, se présenteront bientôt pour mettre en œuvre une partie de vos productions,

&

& pour les transporter au dehors. L'Espagne, l'Angleterre, la France, la Hollande, vous mettent à contribution tous les ans pour de grandes sommes, surtout par les retours des deux Indes: vous pourrez les mettre aussi à contribution pour de plus grandes sommes encore, par du fer, du cuivre, du chanvre, des grains, des salaisons, des laines, du suif, de la cire, des cuirs, &c. & l'abondance de toutes ces productions sera chez vous le principe qui y élevera bientôt l'industrie & le commerce à l'état le plus florissant. Sans ce principe, il est impossible que vous aïez jamais ni industrie, ni commerce, même dans un état médiocre. Ce principe établi, votre industrie & votre commerce, qui ne vous demandent presque qu'une liberté légitime, la sureté & la facilité des communications, ne cesseront de s'accroître & de donner de nouveaux accroissemens à la réproduction annuelle de l'agriculture, dont la richesse attirera continuellement de nouveaux agens de la consommation.

N'at-

N'attendez aucuns avantages d'une banque : si elle n'est qu'un dépôt, comme celle d'Amsterdam, c'est un secours inutile. Si elle fait circuler des billets, comme celle de Londres, elle est nuisible, parcequ'elle multiplie les signes des valeurs & enchérit tout ; une caisse d'escompte seroit le seul établissement utile. Mais au lieu de ces institutions artificielles, multipliez chez vous les objets de commerce, assurez les communications, la liberté & la protection, & soïez assuré, que votre commerce ne manquera ni de fonds, ni d'industrie pour s'élever.

Cha-

Chap. VII.

DES FINANCES.

§. 1. Des finances en général.

Malgré les progrès de l'esprit humain & une multitude d'écrits publiés depuis quelques années sur les finances, l'art de les administrer est encore très-éloigné de la perfection. Nous n'avons point encore atteint à une théorie parfaite, & il n'est point de gouvernement, qui dans la pratique suive un systéme qu'on puisse prendre pour modéle. Cette branche de la science du gouvernement, qui embrasse presque toutes les autres, est celle d'où dépendent principalement la force, la prospérité de l'Etat & le bonheur de l'humanité, & c'est aussi celle qu'il est le plus intéressant & le plus difficile d'approfondir.

Pour s'en convaincre, il ne faut que jetter un coup d'œil refléchi sur les sources des finances ou de l'impôt. Ces sources sont l'agriculture, l'industrie & le commerce. La finance n'en a point d'autres, & ces sources sont en même tems celles de

la

la force & de la prospérité nationnale. Mais qui est-ce qui connoît à fonds les moïens d'élever, d'accroître ou de conserver ces sources? Qui possede l'art de préscrire à l'impôt les limites qu'exigent l'accroissement & la conservation de la source de l'impôt? Et qui sait bien enfin concilier la nécessité indispensable d'accroître & de conserver la source de l'impôt, avec les besoins de l'Etat?

Presque partout on trouve des impôts destructifs, ou par l'excès, ou par la nature & la forme de l'impôt, ou par la forme de la perception.

On a cru nécessaire de diviser l'impôt en différentes branches, & l'on a jugé avec raison, que c'étoit un des moïens de rendre l'impôt plus égal & moins onéreux. Mais partout on a abusé de cette division en admettant des branches destructives de l'agriculture, de l'industrie & du commerce.

Il n'y a en Europe, que la Suisse, où l'impôt direct sur les terres, & même un impôt très-modéré, suffit aux besoins de l'Etat sans attaquer l'agriculture. Mais quelle nation, quel

quel gouvernement peuvent imiter la Suisse ? Nous n'avons point de grande nation chez laquelle on n'eût anéanti cette base de la prospérité, si on s'en étoit tenu à l'impôt dire t sur les terres, pour fournir aux besoins publics. Il a fallu avoir recours à l'impôt indirect, & le diviser à l'infini. C'est ce qu'on a fait en Angleterre, & sur tout en Hollande où l'impôt indirect est divisé en plus de trente branches différentes. On a plus insisté en France sur l'impôt direct sur les terres.

En Angleterre & en Hollande, on a donné plus de préférence aux droits sur les consommations, qu'on a étendus sur les campagnes & sur les choses les plus nécessaires à la vie. La finance hollandoise a détruit ainsi depuis long tems toutes ses manufactures, & l'Agleterre détruit actuellement les siennes, & en même tems elle diminue les productions de son territoire par le même excès. L'abondance du numéraire en Hollande & des papiers monnoïe en Angleterre, est une cause destructive ajoutée à la premiere, qui rend la destruction plus rapide. Chez d'autres nations

on

on ne cesse de dégrader l'agriculture par l'excés de l'impôt direct sur les terres, par la nature & la forme de quelques impôts indirects, & par la forme de la perception.

En Hollande trop de gens vivent de la perception de l'impôt. Ailleurs l'impôt & le maniement des deniers publics sont la source de grandes fortunes faites aux dépens du dépôt le plus sacré, qui affligent quelque fois autant les peuples, que l'excés même de l'impôt. Chez ces nations la maxime de la bonne administration des finances, qui veut que les deniers puplics passent par le moins de mains qu'il est possible depuis la source jusques au trésor du Souverain, semble inconnue.

On a long tems erré avant que de suivre un petit nombre de principes certains & uniformes sur l'agriculture, l'industrie, le commerce & les finances. On a souvent apperçu la nécessité d'associer ces différentes branches de l'administration, & de les guider d'un pas égal, sans en connoitre les moïens ou sans les approfondir. C'est cette simple perception, c'est cette connoissance superficielle qui a fait multiplier autre fois à l'infini des loix sur le commerce & les finances, qui se contredisent, des loix qui pour augmenter les produits de la finance, en ont souvent détérioré ou tari les sources.

La direction des finances n'a souvent profité de l'abondance des productions naturelles, de l'opulence de l'agriculture, de l'industrie & du commerce, que pour les opprimer. On a mis des charges sur les cultivateurs beaucoup audessus de leurs forces naturelles: écrasés par l'excès des impôts, ou par les corvées, ou par les deux ensemble, les cultivateurs souffrent le supplice des Danaides, ils sont condamnés à remplir un tonneau qui fuit toujours. On a formé des corps de métiers, on a donné des priviléges exclusifs à l'exercice des arts, qui sont autant de gênes & d'obstacles opposés à l'industrie, qui restreignent ses efforts, & l'empêchent de se produire & de s'élever en étouffant l'émulation. On a détruit l'homme industrieux qui n'a que des bras, qui n'a pas de quoi acheter sous le nom de privilége, la liberté de travailler. On a mis enfin le service du

pu-

public en monopole. Ces loix jointes à celles que nous avons sur le fonds & sur la forme des impôts divisés en une infinité d. branches, ont introduit presque partout une jurisprudence épineuse, qui exige une étude longue & difficile, espèce de labyrinthe où l'agriculture, l'industrie & le commerce trouvent sans cesse des ennemis à combattre.

Les finances ne sont autre chose, que le revenu actuel ou possible du Souverain ou de l'Etat. Il semble que l'administration des finances ne consiste que dans une recette & une dépense de ce revenu, & qu'elle n'exige qu'un ordre dans la comptabilité qui en rende la dissipation impossible; ordre, qui, quoiqu'il ne soit qu'un pur méchanisme, ne se trouve cependant établi chez presqu'aucune des nations les plus èclairées, tel qu'il rende impossible toute dissipation. Cet ordre doit être sans doute le premier objet de l'attention d'un ministre de la finance. Mais si son attention & toutes ses lumiéres étoient concentrées dans cet objet unique, il seroit bien éloigné de rendre à sa patrie tous les services, dont son ministère lui fait un devoir.

La prospérité d'un Etat dépend presque entiérement de l'administration de la finance. Le ministre de la justice, celui de la guerre & celui des affaires étrangeres, feront de vains efforts pour élever la Monarchie à un état florissant & la rendre respectable au dedans & au dehors si les finances ne peuvent leur fournir les secours nécessaires; & à plus forte raison, si l'administration des finances ne cesse de répandre des calamités sur les peuples.

Il ne faut point confondre avec les administrateurs des finances, ce qu'on nomme en beaucoup d'endroits un *financier*, qui est quelque fois un homme savant, mais dont toute la science consiste dans les moiens de s'enrichir en maniant les deniers publics, comme receveur ou collecteur; ou dans l'art d'accroître l'impôt, ou d'en imaginer un nouveau, & de faire passer le plus qu'il lui est possible, de l'argent du peuple par ses mains, comme fermier. Cette tierce main toujours onéreuse au peuple & au Souverain, est souvent le plus grand

grand fléau que le peuple & le Souverain ont à redouter. Les fonctions de ce *financier* habile, si facilement accompagnées d'abus destructifs, doivent entrer comme objet principal dans l'attention du ministre de la finance pour établir un ordre qui rende impossible toute dissipation des revenus publics, qui rende à cet égard la science du *financier*, son avidité & toutes les ressources de son génie, impuissantes. S'il n'est pas possible au ministre des finances d'écarter tout-à-fait les mains intermédiaires des financiers, dont les fonctions coûtent quelque fois des milions à l'Etat en pure perte, il est trés-possible d'en diminuer le nombre & les dépenses. Quoiqu'on ne connoisse point en Hollande ni en Angleterre, l'usage des fermes des impôts, les finances y perdent des sommes immenses par une multitude infinie & inutile de gens qui vivent ou s'enrichissent de l'administration des impôts, qui consiste dans une régie, & cependant la régie, cette forme de la recette des revenus publics, est assez généralement reputée la moins onéreuse aux peuples & au Souverain.

On demandera sans doute pourquoi des gouvernemens si éclairés ne corrigent pas de tels abus ? Leur constitution même les rend indestructibles. En Angleterre, c'est le Roi qui donne tous les emplois de la finance, ce qui est une branche de son pouvoir, & l'un des grands moiens d'atteindre à la Monarchie absolue. En Hollande tous les emplois sont à la nomination des Régences ou des Amirautés ; ce qui forme une somme d'intérêts personnels dans leurs mains, auxquels on sacrifie sans difficulté l'intérêt public.

L'économie doit être sans doute l'un des premiers objets de l'attention du ministre des finances. Cette économie doit être portée principalement sur la suppression des emplois inutiles & d'une infinité d'abus qui se trouvent répandus sur la route que l'argent du peuple doit faire depuis sa source jusques à la derniere caisse de l'Etat, & qui en dissipent à peu prés la moitié. Le récouvrement des impôts doit être reduit, autant qu'on le peut, à une simple recette, & cette recette doit être sim-

simplifiée, & passer par le moins de mains qu'il est possible.

L'art d'administrer les finances embrasse une quantité infinie d'autres objets, qui ne sont pas moins importans. Il n'est presque pas possible d'aligner des limites aux connoissances qu'un ministre des finances doit avoir. Connoître à fonds le bon ordre & l'économie dans toutes les branches des revenus publics; connoître les hommes pour bien juger du mérite de ceux qui doivent y être emploiés, & du degré de confiance qu'on peut leur accorder; savoir résister aux éloges & à la recommendation d'une protection indiscrete; connoître les besoins présents & prévoir les besoins futurs; trouver dans l'ordre, dans l'économie & dans l'état actuel des finances les secours indispensables du moment, & preparer de grandes ressources pour l'avenir sans en appauvrir la source; connoître à fonds les ressources de l'agriculture, les moiens de la relever, si elle est foible ou languissante, & de la soutenir, si elle est dans un état florissant, comme la vraie source de la population & des fi-

finances; savoir toute l'étendue d'abondance, dont cette source est susceptible, & l'accroître ou l'entretenir par les ressources & l'activité de l'industrie & du commerce; savoir que les arts utiles & ceux même de pur agrément concourrent pour enrichir l'agriculture, l'industrie & le commerce; avoir assez de connoissances de tous les arts, pour leur accorder une protection nécessaire, mais sage & éclairée; connoître son païs presque en Géographe & en Physicien, & réunir une connoissance parfaite de tous ses avantages naturels dans les différentes parties qui en composent l'ensemble, à l'art de les faire valoir; connoître à fonds toutes les différentes branches de l'impôt; savoir distinguer les moins onéreuses & surtout éloigner l'impôt de la racine des fruits de la terre, autant qu'il est nécessaire pour ne point décourager l'agriculture, ni attaquer la population des compagnes la plus nécessaire & la plus précieuse à l'Etat; connoître toute l'étendue des effets du luxe, qui est pour un ministre de la finance une si grande ressource, lorsque pour répondre aux besoins de l'Etat, il faut en même me tems ménager l'agriculture, l'industrie & le commerce; réunir encore à tant de connoissances la justesse du jugement, l'amour du travail, de la patrie & de l'humanité: c'est cet ensemble de connoissances, de talens & de vertus, qui constitue le ministre de la finance. Pour former un grand ministre des finances, il faudroit peut-être réunir aujour d'hui dans un seul homme la vertu, le génie de Sully & celui de Colbert.

Un homme qui arrive au ministère des finances avec de grandes lumières, instruit de tous les moiens d'élever l'agriculture, les arts, l'industrie & le commerce, qui connoit à fonds toutes les branches de l'impôt & de l'administration, qui réunit à ces connoissances toutes les bonnes qualités d'un excellent citoyen, & qui trouve l'agriculture, l'industrie & le commerce dans un état florissant, & un impôt modéré qui suffit pour répondre à toutes les charges publiques; n'aura qu'un usage fort aisé & fort tranquille à faire de ses connoissances & de ses talents. Il n'aura de soins à prendre que pour conserver. Car il trouvera toujours dans les richesses nationales, des ressources faciles, & de grandes ressources, pour répondre sans donner atteinte à la prospérité de sa nation, aux plus grands besoins qu'on puisse prévoir. Aucune des grandes nations de l'Europe ne se trouve dans cette heureuse situation. Celles qui en ont le plus approché, livrées pendant un grand nombre d'années à des emprunts immodérés, ont vu décroître leur industrie, leur commerce & leur population; & leur agriculture tomber d'un état florissant, dans une espéce d'abandon, par l'excès des impôts, excès forcé par la somme énorme d'intérêts que l'Etat doit païer. Les autres nations encore dans l'enfance à l'égard de l'industrie, des arts, du commerce & de l'agriculture même, se sont donné pour montrer une puissance rélative, des charges publiques au dessus de leurs forces naturelles, parceqne leur territoire n'est pas au quart de sa valeur.

Nous n'avons donc point de grande nation, chez laquelle un grand ministre ne se trouve obligé de développer tous ses talents, toutes ses connoissances, toutes les forces & tou-

toutes les ressources de son génie pour établir la prospérité ; & chez laquelle il n'y ait des obstacles infinis à vaincre : ces ocstacles sont tels dans la plûpart des grands Etats, que le ministre des finances qui parviendroit à les surmonter, seroit le restaurateur de sa patrie. Ces obstables ne sont cependant pas audessus des forces du génie. Chez toutes les grandes nations, il y a de grandes ressources que le génie & les talents animés par le courage & par l'amour de l'humanité, peuvent faire valoir avec un heureux succès.

L'homme de génie appellé au ministére des finances, a bientôt établi le bon ordre dans la compatibilité, dans la recette & la dépense, s'il n'y existoit pas ; ou reformé les abus qui s'y trouvent. Il fait fort promptement la balance de la recette & de la dépense. Il a bientôt constaté les besoins de l'Etat. Il en ttouve deux essentiels ; le besoin des impôts pour paier les charges publiques, & le besoin plus pressant encore, celui de rétablir la source des impôts, que l'excès des impôts a dejà infiniment affoiblie, & qui en la détruisant sans ces-

cesse, doit enfin mettre nécessairement le ministére dans l'impossibilité d'acquitter les charges de l'Etat. Il s'en est convaincu par lui-même en parcourant les campagnes en Philosophe & en Citoyen. Il a observé que ces hommes, les plus utiles, les plus nécessaires à la société, dont le sang & les sueurs rendent abondante la source des richesses de l'Etat, ne sont point paiés en raison de l'utilité de leurs travaux; qu'ils sont presque tous réduits à des consommations du plus rigoureux nécessaire, & manquent souvent de subsistance; que toutes les autres classes des membres de la société ont & font valoir des prétentions sur les cultivateurs, & que ceux qui nourrissent des fruits de leurs travaux toutes les autres classes, n'ont de prétentions sur aucune. Son ame sensible a été frappée de l'excès de ces prétentions, surtout de l'excès de l'impôt & des corvées, qui enleve aux cultivateurs la portion même des fruits de leur travail, qu'ils devroient renvoier à la terre pour lui en faire produire d'autres, & détruit sans cesse le germe de la réproduction. Il n'a pas été moins touché en voiant

la

la misére éteindre toute inclination au mariage, des péres & des méres luttant sans cesse contre la faim & l'accablement du travail, perdre une partie de leur famille au berceau. Il a observé cette vérité affligeante, sur laquelle on ne jette communément que des regards distraits, que le nombre des cultivateurs diminue, que la race de ceux qui résistent à tant de calamités, dégénere, & que l'âge des forces est chez eux celui de la foiblesse & des infirmités. Ce ministre connoît parfaitement la cause du mal, la cause qui précipite les peuples dans l'indigence, & qui ajoute tous les jours de nouveaux accroissemens à la foiblesse de l'Etat.

Le bon ordre dans le recouvrement, dans la recette des revenus, & dans la dépense, ne suffit pas pour remédier au mal. Ce ministre ne voit dans des secours momentanés, dans de nouveaux emprunts, enfin dans l'art de faire passer l'argent d'une main dans l'autre, qu'un artifice ruineux, dont on n'a que trop usé. Il est bien éloigné de chercher des ressources dans des moiens artificiels pour relever un crédit anéanti, dont

on

on ne s'est que trop servi, ni dans de nouveaux impôts sur un peuple dejà épuisé par l'abus qu'on en a fait. Il examine la source des impôts actuels. C'est à cette source qu'il en calcule le montant, & qu'il trouve toutes ses ressources pour soulager les peuples, pour encourager & relever l'agriculture, l'industrie & le commerce, & augmenter en même tems les revenus de l'Etat au dégré nécessaire pour assurer la libération progressive de ses dettes. Il supprime un nombre infini de canaux, qui sur la route de l'impôt depuis sa source jusques à la derniere caisse de l'Etat, en détournent une grande partie, & toutes les caisses intermédiaires inutilement dispendieuses.

L'économie est sans doute l'un de ses grands principes; mais il la fait consister principalement à simplifier l'impôt & la perception de l'impôt, à en écarter les frais inutiles, tant ceux qui sont à la charge du Souverain, que les frais d'exécution souvent plus onéreux au peuple, que l'impôt même; à ne faire passer l'impôt que par le moins de mains qu'il est possible; à prévenir toutes dissipations, & à ap-

appliquer en entier les revenus de l'Etat aux vrais besoins de l'Etat. Il trouve des ressources réelles pour répandre l'aisance chez le peuple, & augmenter en même tems les revenus de l'Etat, en changeant la nature & la forme de quelques impôts, & la forme de leur perception ; il trouve peut-être encore un fonds très-étendu dans le luxe de sa nation.

§. 2. De l'impôt en général.

Les matiéres politiques n'offrent point de sujet plus intéressant & plus digne de l'attention de quiconque est sensible à la prospérité nationale & au bonheur de l'humanité, que l'impôt. Considéré comme une contribution aux frais communs de l'entretien de la société, de la part de tous les membres qui la composent, l'impôt ne présente qu'une institution nécessaire & fondée sur la loi naturelle. La même loi qui a réuni les hommes en société, les oblige tous de contribuer aux frais qu'exigent le maintien & la sureté de leur union. C'est-là la loi fondamentale de l'impôt, loi aussi sainte, aussi sacrée que celle qui prescrit à l'homme le soin de sa conservation & de traiter son sem-

semblable, comme il veut être traité lui-même. Cette loi étend son empire sur toutes les propriétés, de quelle nature qu'on les suppose, sans autre exception que la partie nécessaire à la subsistance, qui dans l'ordre des besoins naturels est le premier, & l'entretien de la société est certainement le second.

L'égalité dans la répartition de l'impôt est une seconde loi également fondée sur la loi naturelle.

On blesse la premiere loi, lorsque l'on porte l'impôt au-delà de la contribution que le fonds naturel des richesses de la nation peut fournir sans détruire les moïens de subsistance. Alors l'impôt au lieu de servir à l'entretien de la société, la détruit.

On blesse la seconde loi par l'inégalité de la répartition, dont l'injustice tend également à la destruction. Cette inégalité résulte de ce qu'on appelle *l'arbitraire*, qui accompagne la plûpart des impôts en usage chez toutes les nations. Eloignons d'ici l'idée revoltante de ces privilèges de *franchises* & *d'exemptions*, qui n'ont été introduits que par un abus d'autorité, auxquels la foiblesse ou l'ignoranrance de l'adminiſtration ont permis de ſe perpétuer aux dépens de l'equité naturelle & de l'intérêt général de la ſociété.

Loin encore de toute adminiſtration juſte, ce privilege des Seigneurs & des Nobles qui ne devant autrefois à l'Etat qu'un ſervice pour ſa défenſe, devenu inutile, prétendent aujourd'hui ne rien devoir. Eneffet dans quelques Etats, ils ne payent point d'impôts: ils ne contribuent à aucune des charges de l'Etat. Tout eſt changé en Europe depuis la deſtruction de l'empire féodal; à cette défenſe momentanée qui étoit à la charge des Nobles & des Seigneurs, on a ſubſtitué une défenſe permanente: des troupes réglées ont pris leur place. Sur quel prétexte les Nobles & les ſeigneurs, obligés de faire autrefois les frais de la défenſe momentanée, peuvent-ils ſe prétendre exempts de contribuer aux frais, à l'entretien de la défenſe permanente ſubſtituée à la défenſe momentanée? Le ſervice qu'ils doivent à l'Etat, eſt toujours le-même: il n'a fait que changer de forme.

priétaire de toutes les terres de sa domination, il réduit l'impôt uniquement au produit net de cette copropriété. Il soutient qu'on ne peut rien trouver de plus heureux parmi les institutions sociales pour les Souverains & pour les sujets tout-à-la fois ; que la copropriété de toutes les terres est dans l'ordre naturel & essentiel des sociétés, le seul titre du Souverain, le titre unique de l'impôt, par ce qu'il n'y a de richesses chez aucune nation que celles qui se consomment & se réproduisent annuellement par la culture des terres, & que ce qu'on a appellé jus qu' à ce jour les valeurs de l'industrie & du commerce, n'ajoute rien à la richesse nationale, que ces valeurs ne sont que les frais faits par les agens des échanges des productions naturelles, que ces agens sont à charge aux propriétaires des terres qui paient ces frais avec leurs productions ; que des frais ne sont pas une richesse, qu'un impôt sur l'industrie & le commerce est un double emploi, un double impôt sur les terres, qui, au moien de la copropriété du Soverain, l'ont deja paié.

Tout

Tout cela peut être regardé comme un jeu de l'imagination. Qu'avons nous besoin de ce titre fictif de *copropriété* pour établir que l'impôt se trouve dans l'ordre naturel des sociétés ? Qui oseroit entreprendre de réaliser cette fiction ? Ce seroit intervertir, détruire même cet ordre naturel, que de réduire, comme on le prétend, toutes les impositions au produit net de cette copropriété.

Les besoins de la société sont le seul titre de l'impôt, & ce titre s'étend sans exception sur toutes les propriétés, sur toutes les fortunes qui existent dans la société. Comment ce titre ne se trouveroit-il pas dans l'ordre naturel, puisqu'il est fondé sur la loi naturelle ? C'est la nature elle-même qui a réuni les hommes en société : la société est un besoin donné à l'homme par la nature ; les liens de la société sont au rang de ses premiers besoins, par conséquent les besoins de la société sont les siens. Sa contribution aux frais nécessaires à l'entretien de la société est donc une obligation que la loi naturelle lui impose. Le Souverain n'est que le dépositaire & le dispensateur de cette contribution. Quel avantage peut-on trouver à substituer à ce titre naturel de l'impôt, le titre fictif de copropriété? En sera-t-il moins certain que quand les besoins seront excessifs, l'impôt ne pourra être modéré? On ne peut se dispenser chez aucune nation, de charger le produit net de toutes les propriétés, d'une contribution proportionnelle. Cette contribution peut par ses excès, ou par une direction vicieuse, resserrer les jouissances & les consommations, & resserrer infiniment l'agriculture, l'industrie & le commerce, & même les détruire tout-à fait. L'impôt modéré est le garant de la propriété; mais dès qu'il est excessif, il en est le destructeur.

Cette copropriété qui dans le systême de l'auteur, doit consister dans une partie du produit net des terres, soit d'un, 5me. 10me, plus ou moins, suppose nécessairement un partage à faire entre le Souverain & les propriétaires, dont on veut que les proportions soient reglées pour toujours, quelque revolution en bien ou en mal que le revenu des terres puisse éprouver; en sorte qu'une année de disette te pour les propriétaires, qui annulle leur revenu annuel, annulle aussi celui du Souverain. Le produit de cette copropriété doit donc varier, puisqu'on l'assujettit à tous les événemens qui peuvent l'accroître, le détériorer ou le détruire tout-à-fait. Cependant dans ce système, le Souverain n'a point d'autre fonds pour répondre aux besoins qui varient très-souvent. Quels conseils son auteur donnera-t-il aux administrateurs, lorsque par les variations respectives des besoins & du revenu de la copropriété, ce revenu se trouvera insuffisant ? Il faudra nécessairement faire des emprunts. Sur quels fonds alors l'auteur assignera-t-il le paiement des intérêts & le remboursement des capitaux ? La nécessité seule de la variation du revenu de l'Etat, suivant les besoins, rendroit impraticable la réduction de l'impôt dans cette forme unique chez toute nation Européenne.

Il ne faut pas confondre, dit-on, la part proportionnelle que le Souverain doit prendre dans le produit net des terres en vertu de son titre de copropriété, qui ne se prête point à l'arbitraire, avec un impôt fixe & invariable sur les terres. Ce dernier impôt, dans le cas d'une mauvaise culture, est une surcharge, & dans le cas d'une bonne culture ou d'une amélioration, le Souverain perd une partie de ce qu'il doit prendre dans le produit.

Il faut sans doute asseoir l'impôt fixe sur une estimation des terres. Ne faut-il pas de même pour déterminer le partage en vertu du titre de copropriété du produit net, déterminer tous les ans le montant de ce produit net ? Ne faut-il donc pas procéder à l'estimation, non des terres, mais des fruits ? Or toute estimation est sujette à l'arbitraire. A l'égard de l'impôt fixe, on n'est sujet qu'une fois à l'arbitraire, & à l'égard de l'impôt qui seroit un partage du produit net, on y est exposé tous les ans, du moins pour les terres qui sont cultivées sans bail, & c'est la majeure partie, & celle surtout qui est dans les mains des cultivateurs qu'il importe le plus de ménager. Dans le cas même des terres affermées, ne faut-il pas estimer les charges de la propriété fonciere, ob-

jet

jet extrêmement vague, indéterminé & sujet à mille variations d'une année à l'autre? Comment a-t-on pu dire que cet impôt ne laisse point de porte ouverte à l'arbitraire? Cette forme nouvelle de l'impôt ouvre la porte à l'arbitraire, aux vexations, à des frais de perception infinis, plus qu'aucune autre. Quelle sera enfin la part du Souverain dans le partage en vertu de son titre de copropriété? C'est ce qu'on chercheroit en vain dans ce systême, & ce qu'il seroit très-difficile de déterminer dans de justes limites généralement sur toute sorte de terres & dans toute sorte de païs. Ainsi ce qu'on nous donne pour très-naturel, très-simple, seroit très-peu naturel, très compliqué, & très difficile dans la pratique.

Dans l'état actuel des nations de l'Europe, toutes les terres sont la plûpart trop imposées, & les autres le sont autant qu'elles peuvent l'être. Si l'on réduisoit toutes les branches de l'impôt à un impôt unique sur les terres, comment seroit-il possible de faire supporter ce nouveau poids à l'agriculture sans la détruire? Et si l'agriculture pouvoit y résister en quelques endroits, le cultivateur seroit-il injuste en demandant sur quel principe d'équité, on veut que les seuls fruits de son travail paient toutes les charges de la société? Cela seroit d'autant plus injuste que de tous ceux qui composent la société, le cultivateur est celui qui a le moins de part aux avantages de la société.

L'auteur regarde tous les impôts indirects sur les terres, tels que les impôts personnels, sur les maisons, sur les rentes, sur les consommations, l'industrie, le commerce &c. comme de doubles emplois; parceque tous ces impôts se paient avec des productions des terres qui ont dejà paié l'impôt. „ L'impôt, dit-il, ne peut être supporté que par une réproduction annuelle. Pourque je puisse paier tous les ans cent pistoles à l'impôt, & cela sans interruption, il est d'une nécessité absolue qu'il y ait une cause productive qui tous les ans aussi renouvelle dans mes mains ces-mêmes cent pistoles: & la terre seule est cette cause productive „. C'est aussi le systême de l'auteur de

la

la Théorie de l'impôt & de quelques autres politiques modernes.

Sans doute tous les impôts qui n'ont pas immédiatement les terres pour objet, peuvent être regardés comme des impôts indirects; s'ensuit-il de-là qu'ils soient de doubles emplois sur les terres? On ne pourroit les considérer comme tels que lors qu'ils attaquent & découragent l'agriculture en resserrant les consommations. Ce n'est que dans le cas où l'agriculture en ressent un contrecoup, que ces impôts indirects sont un double emploi destructif.

(a) Pour déterminer le vrai fonds qui dans un Etat doit contribuer à l'impôt, il ne s'agit que de s'accorder sur un principe, qui est que tout ce qui n'est pas nécessairé à la subsistance du sujet, doit contribuer aux charges de l'Etat. L'impôt ne peut s'étendre au-delà du superflu, tout ce qui se trouve dans les mains du sujet, sa subsistance prélevée, est le vrai & le seul fonds des subsides: l'Etat n'en a point d'autre, parceque la

(a) *Voyez les intérêts des nations développés relativement au commerce.*

la subsistance des sujets est le premier besoin de l'Etat.

Ce principe établi, il ne s'agit pas d'examiner par quelles voies le superflus est arrivé dans les mains du sujet; il suffit qu'il s'y trouve pour que le Souverain ait le droit d'en appliquer une partie aux besoins publics. On dit une partie; car l'impôt seroit surement destructif, s'il absorboit le superflu en entier.

C'est la terre qui fournit aux hommes toute leur subsistance; mais elle ne l'accorde qu'à leur travail. Les cultivateurs tirent de son sein le blé qui doit les nourrir, & les matières premieres qui, sous la main de l'artiste prenant de nouvelles formes, serviront à les vêtir. Les dons de la nature & les travaux des hommes sont donc les deux sources, où les hommes puisent leur subsistance, & par conséquent les seuls objets qui aïent pour eux de vraïes valeurs.

Ces valeurs par elles-mêmes ne seroient cependant jamais imposables, si elles ne fournissoient aux hommes que le simple nécessaire; mais comme le travail d'un homme suffit pour en faire subsister plusieurs, le salaire

des

des peines ou le produit du travail excédent toujours les besoins ; & c'est de cet excédent que dans toutes les conditions, l'économie compose à la longue l'aisance, que les hommes appellent leur fortune.

Le cultivateur est à cet égard dans la même position, que l'artisan. Le genre de la profession n'y fait rien : il ne s'agit que de savoir si l'un & l'autre ont véritablement acquis par leurs propriétés ou leurs travaux, ou par les deux ensemble, au-delà de ce qui est nécessaire a leur subsistance. (*a*)

Dans ce systême, dira-t-on, l'imposition tombe indirectement sur les travaux & l'industrie des hommes. L'auteur de *la Théorie de l'impôt* a prétendu que *tout ce qui est travail, est nécessairement & indispensablement immune.*

C'est-là une erreur que l'amour de l'humanité ne doit point accréditer. Cette erreur deviendroit très-nui-

(*a*) Il ne s'agit ici que du premier principe de l'impôt. On fera ailleurs une grande distinction entre les ouvriers de l'agriculture & de l'industrie, qui n'ont pour tout bien que des bras, & les autres sujets de l'Etat.

nuisible à l'humanité même, si on la prenoit pour un principe dans la répartition de l'impôt. Il n'est point d'homme de quelque condition qu'il soit, qui par son travail & une économie proportionnée à son état, ne puisse se réserver quelque chose au-delà du nécessaire. Car il est certain, que dans les professions même les plus voisines de l'indigence, jamais ou presque jamais les hommes ne tombent dans la misère que par un défaut de conduite, ou par des accidents qui les privent de la faculté de travailler.

Si cela est vrai pour cette classe d'hommes qui n'ont de ressource que leurs bras, combien l'est-il plus pour tous ceux, qui multiplient leurs ouvrages à l'aide des animaux & des machines, ou qui par leur adresse & leur intelligence donnent un plus grand prix à tout ce qui sort de leurs mains? Un cultivateur qui fait valoir une ferme de quatte Charrues; un ouvrier qui exécute presque tous ses ouvrages par la force du vent ou des eaux; un artisan qui par la supériorité de ses talens quadruple le prix des matières qu'il met en œuvre;

de

de tels ouvriers ont-ils besoin de tout ce qu'ils gagnent, pour vivre? Et n'est-il pas évident que si la somme totale de leurs travaux étoit affranchie, les finances perdroient l'une des principales ressources pour fournir aux besoins de l'Etat?

Il y a donc un vrai fonds de richesse dans les diverses productions des travaux des hommes, soit que leurs travaux aient pour objet l'agriculture, soit qu'ils s'appliquent à donner les préparations & les formes nouvelles que les productions de l'agriculture exigent pour être propres à l'usage de la société; & la somme de ce fonds est assez considérable pourque le Souverain puisse la faire contribuer aux besoins de l'Etat. En un mot le travail des ouvriers produit nécessairement une somme de valeurs, au-delà de leurs salaires ou de leur subsistance, & cette somme de valeurs est l'objet d'un impôt légitime dans les mains des sujets qui en sont les propriétaires.

Voici un calcul assez approchant du vrai, pour rendre ces vérités sensibles. On suppose en France quatre milions de familles habitant les campagnes ou les villes, & donnant à l'Etat huit milions d'ouvriers de toute espèce des deux sexes. Que la journée de tous ces ouvriers soit appréciée seulement à 18 sols l'un dans l'autre, le travail de la nation monte par jour à sept milions deux cens mille livres, ce qui fait pour l'année entière composée de deux cents quatrevingt jours ouvrables, deux miliards un milion six cens mille livres.

Cette immensité d'ouvriers tire de la terre seule sa subsistance entière, parcequ'ils ont tous un droit égal à ses productions, & que tandisque le laboureur cultive, l'artisan prépare des vêtemens pour le cultivateur qui le nourrit. C'est ce partage nécessaire des fruits de la terre, qui démontre la justice du partage de l'imposition: dès que l'artisan emporte chez lui une partie des fruits recueillis par le cultivateur, il est juste que l'impôt le suive.

En effet ce sont les fruits de la terre qui paient les salaires de ces ouvriers, & qui conséquemment donnent à leurs travanx la même valeur qu'ils ont eux-mêmes. La raison en est que la somme du travail

fait

fait toujours partie du prix de toutes les choses qui se mettent en vente. Le cultivateur vend au marché son blé un sol trois deniers la livre, parce que son tems & sa peine sont entrés dans la valeur du blé : l'artisan y porte son étoffe enchérie également par les façons qu'il lui a données ; ainsi du reste. Par-là tous les travaux sont païés & acquiérent une valeur aussi réelle, que celle de tous les autres objets que la société met à prix. Les travaux sont donc contribuables comme toutes les autres valeurs, puis qu'ils peuvent fournir & fournissent en effet à l'ouvrier au-delà de sa subsistance, aussi bien que tous les autres fonds qui produisent un revenu, fournissent aux propriétaires au-delà de leur subsistance. Car ici l'Etat qui n'affecte à l'impôt aucune valeur en particulier, n'a à considérer que l'effet que les valeurs doivent naturellement produire dans les diverses distributions qui s'en font parmi les sujets par la propriété & par l'industrie. Par tout où les valeurs excédent le nécessaire rélatif à la condition du sujet, elles fournissent à l'impôt un fonds juste & légitime ; & il ne doit plus être question pour le taux de l'imposition, que de faire attention aux différences que mettent nécessairement entre les propriétaires des terres le plus ou le moins de possessions, & dans les salaires la nature des ouvrages & les différentes positions des ouvriers.

On n'a point à craindre ici de double emploi : la masse des fruits de la terre ne paiera jamais l'impôt qu' une fois. Seulement elle le paiera beaucoup plus divisé & par beaucoup plus de mains; parceque les divers partages que tous les ouvriers s'en font à l'infini à raison du plus ou moins de mérite de leurs ouvrages, doivent nécessairement morceler l'impôt en autant de portions différentes, qu'ils en ont fait eux-mêmes en s'appropriant les productions de la terre.

D'ailleurs, & ceci est essentiel à observer, les fruits renaissants, qui en sortant de la terre ont une premiere valeur qui constitue le bénéfice du cultivateur, ne sont pour tant pas encore en état d'être appliqués à nos besoins. Les moissonneurs doivent couper le blé, d'autres ouvriers doivent l'engranger & le battre,

tre, & le meunier doit le moudre avantque le boulanger en fasse du pain : le lin, le chanvre, les laines, doivent être façonnées de mille manières pour être rendues propres au vêtement. Les productions renaissantes ne sont donc point encore à leur juste valeur, tant qu'elles sont brutes, informes & dans l'état de matières premieres où les livre le cultivateur, qui-lui même leur a dejà donné bien des préparations avant que de les présenter à la vente : elles n'arrivent à leur derniere valeur que par les différentes mains d'œuvre subséquentes, qui en les perfectionnant leur donnent leur véritable prix. C'est ainsi que le cultivateur & l'artisan coopérent ensemble à la valeur entiére des productions renaissantes, & que l'un & l'autre y ont des droits égaux. De-là quatre conséquences très-dignes d'attention.

1° Le cultivateur ne reçoit qu'une partie de la valeur des fruits de la terre, puisque le surplus de cette valeur passe dans les mains de l'artisan, qui les perfectionne & les rend propres à nos usages.

2° Le surhaussement de valeur donné par l'artisan aux productions qu'il a reçu brutes des mains du cultivateur, est un fonds aussi réel pour lui, que l'a été pour le cultivateur le prix qu'il a touché de la vente de ses productions brutes. Par exemple la livre de laine en toison ne vaut que 30 sols; mise en étoffe elle vaut six livres, & ce n'est que dans ce dernier état qu'elle peut être utile. La renaissance de cette livre de laine est donc véritablement pour la société un objet de six livres de valeur, qui se partage entre le cultivateur & l'artisan, & dont les trois quarts appartiennent à ce dernier.

3° Pourquoi l'impôt s'arrêteroit-il & seroit-il fixé à la plus petite valeur des fruits renaissans, qui est leur état de matière informe, état dans lequel ils sont encore inutiles, pendant qu'il est évident que pour être rendus propres à notre usage, ils vont être portés à beaucoup plus haut prix par les travaux ultérieurs de l'artisan, aussi nécessaires que l'ont été ceux du cultivateur pour les faire naître?

4°

4° Si la renaiſſance annuelle des fruits encore informes donne au cultivateur un bénéfice net, ſes dépenſes déduites, la renaiſſance journaliere des nouvelles formes qu'ils prennent ſous la main de l'ouvrier, & les nouvelles valeurs qu'ils acquiérent, ne donnent elles-pas également à l'artiſan un bénéfice net, ſes dépenſes prélevées, puis qu'il y a dans le prix des choſes façonnées de quoi païer le prix de toutes les valeurs, ſoit de la matière, ſoit de la forme, & que le conſommateur eſt obligé de païer toutes ces valeurs, parcequ'il ne peut faire uſage des productions de la terre, que lorsqu'elles ont atteint le dernier dégré de valeur, où l'art les a portées?

Il ſe forme donc des bénefices nets entre les mains de tout ce qui travaille, cultivateurs, artiſtes; & ces bénéfices nets, dès-qu'ils fourniſſent au-de-là de la ſubſiſtance, ſont certainement un fonds très-légitime de l'impôt.

Qu'on ne perde pas de vue, que ces bénéfices nets viennent tous de la même ſource, qu'ils portent tous ſur le partage des productions renaissantes; que par conséquent l'artisan qui par son travail a ramassé chez lui vingt septiers de blé au-delá de sa subsistance, est exactement dans le même état de richesse, que le cultivateur propriétaire qui a la même quantité de blé dans ses greniers, ses dépenses & sa subsistance prélevées.

Mais, dira-t-on, pour autoriser l'impôt unique sur les terres, on laisse au cultivateur sa subsistance & ses frais de culture, & l'impôt ne porte alors que sur le produit net: soit, mais dans l'exemple ci-dessus nous supposons aussi, que les vingt septiers de blé excédenr chez l'artisan sa subsistance & ses dépenses de main d'œuvre, & qu'ils y forment un produit net. L'artisan & le cultivateur sont donc absolument tous deux dans la même position. Par quelle raison pourroit-on s'autoriser à les traiter avec tant d'inégalité? Que le produit net de la terre soit représenté par des baux à ferme, ou qu'il soit régi par le maître, cela ne change rien aux fonds des choses. En taxant uniquement le produit net des terres, c'est toujours une seule portion

tion des sujets qui paie la totalité de l'impôt à la décharge de tous les autres; comme si la propriété momentanée de la terre pouvoit être le titre unique de l'impôt. Nous disons momentanée, puisque le propriétaire de ses productions ne les a pas plûtôt reçues, qu'il est forcé de les partager avec tous ceux qui l'habillent, le logent, &c. lesquels en deviennent propriétaires à leur tour. Cette propriété des produits nets de la terre n'est donc, comme le travail, qu'un moïen de subsistance, imposable quand elle fournit au-delà des besoins, mais autant digne d'égards & de ménagement que le travail même, quand elle est foible & qu'elle donne à peine le nécessaire. Encore une fois qu'importe à l'Etat, que le partage des productions annuelles de la terre se fasse à tel titre ou à tel autre, qu'on les prenne comme propriétaire, comme cultivateur ou comme artisan, pourvuque ce partage produise dans les diverses conditions des sujets un superflu? Ce superflu est également, dans quelques mains qu'il se trouve, le fonds naturel d'un impôt légitime.

Il y a donc chez toutes les nations deux sortes de biens contribuables aux charges publiques, les propriétés de toute sorte d'immeubles & les travaux quelconques qui les mettent en valeur & en augmentent les produits. Par cette raison à territoire égal, l'impôt produira un plus grand revenu sans être destructif, dans l'Etat qui aura une plus grande population laborieuse, en raison d'une plus grande somme de travail soit d'agriculture, soit d'industrie, parceque celui qui posséde plus de choses, n'importe à quel titre, a plus de choses à donner.

Qu'on se représente une société, une colonie naissante : elle a un chef, des magistrats, des ministres de la religion auxquels elle doit la subsistance, l'argent n'y a point encore paru; le païement de l'impôt s'y fait en nature; le cultivateur fournit du blé, des destiaux, des fruits; l'artisan des étoffes, la façon des habillemens, l'architecte construit, l'ouvrier donne son tems, &c. En tout cela qu'y a-t-il d'injuste & qui ne soit conforme aux lumiéres de la raison & à l'équité? Or ce qui s'opére

avec

avec tant d'équité quand l'impôt se leve en nature, peut-il devenir injuste qnand on le perçoit en argent?

Les productions de la terre sont la source de toute richesse publique & particuliere. Cela est incontestable. Mais s'ensuit-il de-là que les arts lucratifs sont stériles dans les mains de ceux qui les exercent; Les valeurs nouvelles que ces productions acquiérent dans leurs mains, ne sont-elles pas pour eux une richesse, & souvent une très-grande richesse? & prétendre que cette richesse ne doit point contribuer aux charges de l'Etat, n'est ce pas vouloir renverser l'ordre naturel de toute société? Qu'on voye en Hollande où la terre ne produit que peu de chose pour la subsistance de ses habitans, l'immensité de ressources que fournissent le travail & l'industrie. Tout y abonde, on y vit dans l'aisance, & l'Etat y leve plus de subsides que dans tout autre païs. Cette richesse est sans doute précaire, mais tant qu'elle existe, elle doit contribuer à l'impôt. Tout ce qu'exige l'intérêt de l'Etat, c'est que l'excès de l'impôt ne la détruise pas.

Prétendre que les productions de la terre aïant dejà païé l'impôt dans les mains des cultivateurs, on ne peut le leur faire païer une seconde fois dans les mains des hommes industrieux, sans injustice, que c'est un double emploi, & un impôt indirect sur les cultivateurs; c'est de tous les systêmes proposés depuis quelques années, celui qui deviendroit promptement le plus destructif (*a*). Car il suivroit de l'exécutton de ce systême, que les cultivateurs & les propriétaires des terres porteroient seuls tout le poids des charges de l'Etat. Que s'ensuit-il de l'usage qu'on voudroit proscrire? Les productions, il est vrai, ont païé l'impôt une fois dans les mains des cultivateurs & des propriétaires, mais les productions brutes; & dans les mains des hommes industrieux, ce sont les productions mises en œuvre qui païent l'impôt. Ainsi l impôt porte sur deux valeurs; 1° sur la valeur des productions

(*a*) C'est le systême de l'auteur de *la Théorie de l'impôt*, *de celui du bilan de l'Angleterre*, de celui de *l'ordre naturel & essentiel des sociétés politiques*, *&c.*

ductions brutes dans les mains du propriétaire ou du cultivateur ; 2° sur la valeur des productions mises en œuvre dans, les mains de l'artisan. Qu'importe que la premiere valeur soit la source de la seconde, & que la seconde serve à donner à la premiere son prix par la consommation qu'elle procure ? Il suffit pour la légitimité de l'impôt, que les deux valeurs existent séparément, & pour l'intérêt de l'Etat que l'impôt ne puisse rien détruire par l'excès. Qu'importe encore au cultivateur, l'impôt que paie l'artisan, si cet impôt ne resserre point la consommation ? Il est certain que le cultivateur ne vendroit pas plus chérement ses productions, si l'artisan étoit exempt d'impôt ; & si le cultivateur les mettoit en œuvre lui-même, n'auroit-il pas chez lui une valeur de plus ? C'est ce qui arrive aux cultivateurs dans les païs où ils sont en même tems tisserans. Ils ajoutent au prix de leur lin & de leur chanvre brut, celui de la toile. Dans la vente, ils vendent également leurs avances, leur tems & leur travail qui constituent de même me dans leurs mains, les deux différentes valeurs.

Que les auteurs du nouveau systême d'un impôt unique sur les terres, sur le fondement que les valeurs nouvelles de l'industrie sont chimériques, nous disent par quelle raison les valeurs que l'industrie ajoute aux productions étrangéres en Hollande, sont une richesse pour la Hollande, & ne sont pas une richesse pour une nation agricole ? C'est une richesse précaire, il est vrai, mais bien moins précaire chez la nation dont l'industrie donne cette valeur nouvelle à ses propres productions, & où cette valeur a le double avantage d'accroitre le prix des productions, & d'animer & d'étendre par les consommations la source des productions. Qu'ils nous disent encore pourquoi les valeurs ajoutées aux productions naturelles par l'industrie & le commerce, doivent paier & paient l'impôt en Hollande, & doivent être exemptes d'impôts chez une autre nation ?

La contribution de tous les sujets indistinctement est donc une chose juste, & qui a pour base des objets d'une d'une valeur très-rélle & très-effective. Changez cet ordre & portez l'impôt sur une seule des valeurs, ou sur une seule classe des sujets dans les mains desquels ces valeurs se forment, vous la découragez, vous l'appauvrissez; & comme tout se tient dans l'Etat, il résulte de cette surcharge un contrecoup infaillible qui affoiblit ou détruit la partie même que vous avez voulu ménager: vous vous éloignez du but de toute bonne administration, qui, outre l'égalité dans le traitement des sujets, exige qu'on étende l'impôt à autant de contribuables qu'il est possible, pour en rendre le poids plus léger, pour rendre la contribution plus douce, moins sensible & moins destructive. En un mot point d'impôt sans une valeur excédént le nécessaire relatif à la subsistance; mais aussi nulle valeur au dessus de ce nécessaire qui ne doive fournir de quoi asseoir très-légitimement l'impôt. Tout autre systême répandroit sur les peuples l'injustice, les calamités & la destruction,

Ce systême, dit-on, ouvre la porte à l'arbitraire, à des confections

de

de rôles fautifs, & dont le plus fort fait rejetter le poids sur le plus foible, &c.

Il ne s'agit ici que de connoître les vraïes sources, les sources légitimes de l'impôt, contre un systême proposé avec une extrême chaleur par des hommes d'une grande réputation, qui en réduisant l'impôt à une source unique, à l'agriculture, détruiroit dans la pratique infailliblement & très- promptement la source même de l'impôt, qui est aussi celle de la prospérité. Lors qu'on sera convenu des vraïes sources de l'impôt, on peut s'occuper ensuite avec quelque succès à la recherche des moïens d'en écarter l'arbitraire, l'inégalité, l'injustice, l'excès, les frais, les vexations, enfin les inconvéniens sans nombre, qui accompagnent les impôts, soit directs, soit indirects, & de rendre l'impôt le plus doux & le moins destructif, qu'il est possible, soit par sa nature, soit par sa forme, soit par la division & par la forme de la perception, rélativement aux besoins de l'Etat. Par exemple on écartera du systême de l'impôt, les impositions qui ne peuvent

ja-

jamais être rélatives aux facultés de chaque habitant ou propriétaire, ni justes surtout chez les cultivateurs & les artisans, telles que les impositions sur les cheminées & les fenêtres. Il est très-possible d'atteindre à une parfaite égalité dans la répartition de l'impôt sur les terres, sur les maisons & sur les rentes; mais il est très-difficile d'éviter les incônvéniens de l'arbitraire dans les impôts personnels, à l'égard d'un nombre infini de sujets. Car on ne résoudra jamais ce probléme : „ les facultés „ d'un particulier étant inconnues, „ déterminer avec précision la part „ qu'il doit supporter d'une taxe per- „ sonnelle à raison des facultés. „ On ne remédiera jamais non plus à la disproportion qu'il y a dans l'impôt d'un 10me. ou 20me. entre deux hommes, dont l'un jouit de 20 m. liv. de rente & l'autre de 10 mille. Cette taxe qui au premier coup d'œil semble être égale, se trouve très-inégale dans la pratique, parce qu'il est évident qu'une taxe de mille livres est infiniment plus onéreuse à celui qui n'a que 10 mille livres de rente

que

que celle de deux mille livres à celui qui en a vingt mille.

Il est incontestable que la réproduction annuelle de la terre est l'objet essentiel de l'économie politique, & le fonds de l'opulence. Il est certain encore que l'impôt qui la resserre, la détruit : & l'impôt produira cet effet s'il est excessif, soit sur la terre, soit sur l'industrie. L'impôt indirect peut être aussi destructif que l'impôt direct. Mais il ne s'ensuit pas de-là, comme on le prétend dans le systême de l'impôt unique, que toutes les branches de l'impôt attaquent la réproduction par un contrecoup sur l'agriculture. C'est-là l'effet sans doute des droits sur les consommations des choses nécessaires à la vie. Mais qu'on nous montre par-où des droits modérés sur le grand luxe, de gros droits même sur les productions des deux Indes, autres que la droguerie, attaquent l'agriculture. Il ne seroit pas plus facile de démontrer un préjudice sensible pour la culture des terres, d'un droit sur les successions collatérales, sur les ventes publiques des meubles & des immeubles dans certains cas, d'un droit

droit de timbre étranger au commerce, de controle & d'une marque sur la bijouterie & la vaisselle, d'un dixième, d'un vingtiéme sur les revenus des riches, sur les loyers des maisons, sur les rentes, &c. Toutes ces impositions modérées tombent sur les riches, & sont étrangéres aux cultivateurs, qui ne sauroient en recevoir un contre-coup, que dans le cas où ces impositions feroient par leur excès resserrer les consommations.

§. 3. Des sujets qui n'ont que des bras, rélativement à l'impôt.

Il nous reste une distinction à faire bien intéressante, à l'égard de l'impôt territorial & sur l'industrie. L'agriculture & l'industrie ont également besoin d'un fonds de travail, sans lequel on ne sauroit soutenir ni l'une ni l'autre dans un état florissant. Des hommes qui n'ont pour tout bien que leurs bras, constituent sous le nom *d'ouvriers* ou de *manœuvres*, ce fonds de travail, le fonds le plus précieux d'une Monarchie. Tous ces hommes travaillent à journée, & leur journée est tellement combinée, soit par la concurrence, soit par le bénéfice que doivent faire les entrepreneurs, que leurs salaires ne s'étendent point au-delà de leur subsistance. La preuve en eſt que par tout, des infirmités ou la ceſſation du travail les réduiſent à la mendicité; & qu'alors l'Etat bien policé leur donne des ſecours pour les ſoutenir. Ces hommes dont le travail eſt de premiere néceſſité pour l'Etat & pour la ſociété, doivent être diſtingués à l'égard de l'impôt, de tous les autres ſujets de l'Etat. L'impôt qui porte ſur eux, quelque modéré qu'il ſoit, prend ſur leur ſubſiſtance. Dès lors il faut néceſſairement qu'ils augmentent leurs ſalaires ou qu'ils déſertent, ou qu'ils mendient, ou qu'ils volent, & les pertes qui en réſultent pour l'Etat, ſont infinies. C'eſt l'effet infaillible des droits ſur les conſommations de premiere néceſſité, ou d'une capitation ou taille perſonnelle. L'impôt ſur ces ouvriers eſt évidemment deſtructif de l'agriculture & de l'induſtrie. Cet impôt eſt encore injuſte: car ſi l'on fait attention aux valeurs que leurs bras produiſent, on verra qu'elles ſont du double, du triple, du quadruple, au-delà du montant de leurs ſalaires, & ce ſont ces valeurs qui excédent ſi conſidérablement le montant

tant de leurs salaires, & qui se trouvent dans d'autres mains que les leurs, qui doivent être les objets d'un impôt légitime. Par leur travail seul ils contribuent plus aux charges de l'Etat, que tous les autres sujets; puisque pour le prix d'une subsistance physique, ils sont les premiers agens de la vraie richesse de l'Etat. Ainsi la répartition de l'impôt non seulement n'est point nécessaire sur la partie des sujets qui n'ont de richesse que leurs bras, pour rendre la répartition egale & juste à l'égard des propriétaires, des entrepreneurs de l'agriculture & de l'industrie, & pour répondre en même tems à l'étendue des besoins de l'Etat; mais il est au contraire évidemment de l'intérêt de l'Etat que cette classe laborieuse des sujets soit exempte de tout impôt.

Mais, dit-on, il est nécessaire que cette classe de sujets soit sujette à l'impôt pour les obliger de travailler, pour exciter, animer & entretenir leur industrie & leur activité au travail. On cite sur cela un exemple qui semble confirmer l'usage d'un impôt sur la classe des sujets qui n'ont pour tont bien, que des bras.

En 1720 on fit en France dans une ou deux provinces, l'expérience de la dîme roiale. Comme dans ce systême, il n'y avoit plus de taille personnelle sur les gens de la campagne, ils ne voulurent plus travailler qu'à force d'argent; ils se firent païer leurs journées 30 sols, & ne travaillerent que deux ou trois jours de la semaine; presque toutes les terres resterent incultes. Il fallut au plus vîte en revenir à la taille ancienne; c'est-à-dire à assujettir de nouveau l'industrie à l'impôt.

Si l'on fait attention aux circonstances qu'on choisit en France pour faire cette épreuve, on ne sera point étonné de son succès. C'étoit dans le tems, où le systême de *Law* avoit inondé la France de billets de banque, dont la prodigieuse quantité avoit tellement avili le numéraire, que toutes les valeurs avoient plus que doublé de prix, & surtout les journées de toute sorte d'ouvriers; on vit à Paris pendant quelque tems les carosses de louage à 200 liv. par jour.

La preuve que cette expérience ne devoit point décider en faveur de l'iml'impôt sur les bras, est que cela se trouvoit bien décidé en France par une expérience ancienne & d'un nombre infini d'années. Dans la plûpart des provinces méridionales, on ne connoissoit avant la guerre de succession, d'autre impôt, que la taille réelle. Les bras ne devoient rien, & c'étoit cependant la partie de la France la mieux cultivée & la plus industrieuse.

Nous avons d'ailleurs des écrivains du premier ordre (*a*), qui ont regardé comme une maxime fausse & inhumaine, qu'il faut charger le païsan, pour éveiller sa paresse, & qu'il ne feroit rien, s'il n'avoit rien à païer.

Il y a une maxime, dit M. *Hume*, parmi cette sorte de gens que nous appellons en ce païs, *gens d'expédiens & de moïens*, qui sont fameux en France sous le nom de *financiers, maltotiers, traitans, &c.* C'est que *tout nouvel impôt produit dans les sujets une nouvelle habileté de le supporter, & que chaque augmentation des charges publiques augmente proportionnément l'industrie.* Cette maxime,

(*a*) J. J. Rousseau. M. de Marmontel &c.

ajoute M. Hume, eſt d'une nature à produire de grands abus; elle eſt d'autant plus dangereuſe qu'on ne peut nier qu'elle ne ſoit vraïe au fond, & fondée ſur la raiſon & l'expérience, moïennant certaines modifications.

Là où le terroir, dit le Chevalier Temple, eſt fertile, & où le peuple n'eſt pas nombreux, les choſes néceſſaires à la vie ſont à ſi bon marché, qu'un homme iuduſtrieux peut en deux jours de travail gagner de quoi ſe nourrir toute la ſemaine. Ie regarde cela, ajoute cet obſervateur, comme la ſource de la pareſſe attribuée aux habitans, parce qu'il eſt naturel à l'homme de préférer le repos au travail, de ſe livrer à l'oiſiveté & de vivre ſans peine. Il arrive au contraire que lorſque la néceſſité a fait contracter l'habitude du travail, l'homme devenu laborieux par néceſſité, ne peut plus vivre ſans travailler.

M. de Montesquieu rappelle à ce ſujet, une objection qu'on entend ſouvent répéter. „ On a vu dans de certaines Monarchies, que de petits païs exempts de tributs étoient auſſi mi-

miférables, que les lieux qui tout autour en étoient accablés. La principale raifon en eft, que le petit Etat entourré ne peut avoir d'induftrie, d'arts, ni de manufactures; parcequ' à cet égard il eft géné de mille manieres par le grand Etat, dans lequel il eft enclavé. Le grand Etat qui l'entourre, a l'induftrie, les manufactures & les arts; & il fait des réglemens, qui lui en procurent tous les avantages. Le petit Etat devient donc néceffairement pauvre, quelque peu d'impôts qu'on y leve.

On a partout conclu, continue M. de Montefquieu, de la pauvreté de ces petits païs, que pourque le peuple fût induftrieux, il falloit des charges pefantes. On auroit mieux fait d'en conclure qu'il n'en faut pas.

L'effet des richeffes eft de mettre de l'ambition dans tous les cœurs. L'effet de la pauvreté eft d'y faire naître le défespoir. La premiere s'irrite par le travail, l'autre fe confole par la pareffe.

La nature eft jufte envers les hommes; elle les récompenfe de leurs peines; elle les rend laborieux; parcequ'à de plus grands travaux elle attache de plus grandes récompenses. Mais si un pouvoir arbitraire ôte les récompenses de la nature, on reprend le degoût pour le travail, & l'inaction paroit être le seul bien „.

Que conclure de ces maximes & de ces observations qui sont vraïes à beaucoup d'égards ? qu'une sage prévoyance de l'administration doit prévenir les abus & les excés, & arrêter la répartition & les progrès de l'impôt au degré au-delà duquel commenceroit la destruction. Ce degré est difficile à déterminer à l'égard de plusieurs branches de l'impôt & de différentes classes des sujets de l'Etat; mais il semble aussi que ce degré est bien connu & bien déterminé à l'égard des ouvriers de l'agriculture & de l'industrie, qui n'ont d'autre bien que leurs bras.

Il est certain que leur travail ne leur produit que le nécessaire pour vivre, surtout si on a égard aux infirmités & aux causes de la cessation forcée du travail. Le Législateur n'a rien à faire pour les exciter au travail, la loi de la nécessité les y porte assez. L'observation du chevalier Temple est étrangère à cette clas-

classe de sujets. Il ne s'agit pas ici de sujets propriétaires d'un terrein quelconque, mais de ces hommes qui n'ont que des bras, & ces hommes ne se trouveront jamais dans un païs où les habitans ne travaillent la terre uniquement que pour se procurer des vivres; où tous les habitans ont des terres à cultiver, & où il n'y a point parconséquent de travail à donner à journée. Ce n'est point d'ailleurs l'exemption de tout impôt, ou la modicité des impôts qui font que dans un tel païs les cultivateurs travaillent mal, ou ne travaillent que pour se procurer des vivres, & que l'agriculture y est en mauvais état. On ne parviendroit pas à y animer l'agriculture par des impôts. On réussiroit bien plutôt alors à faire déserter les habitans, à moinsque l'impôt ne fût païable en productions. Car ces habitans seroient dans l'impossibilité de païer un impot en argent par l'impossibilité de vendre leurs denrées. C'est le défaut de débouché, de consommation, qui rend ces habitans paresseux & indolens, & qui les porte naturellement à borner leur travail aux besoins de la vie.

Le défaut de consommation ne leur laisse voir que des peines & des soins inutiles, ou des embarras dans l'abondance, sans aucun avantage. Ce n'est point l'impôt qui a tiré la Hongrie de l'état d'inertie dans lequel elle a été si long tems. Ce n'est que depuis qu'elle a commencé à vendre ses productions, que l'agriculture y est devenue un peu plus animée, & que les terres ont plus que doublé de prix: & l'agriculture y fera des progrès rapides lorsque les ordres de sa Souveraine pour faire ouvrir les canaux du commerce dans ce Royaume, seront exécutés, lorsque l'établissement d'une bonne navigation intérieure, deja commencé, sera fini. C'est donc dans le défaut de vente des productions, que se trouve la vraie cause de l'abandon du travail de la terre, & non dans l'exemption ou dans la modicité de l'impôt.

La passion seule a toujours dévelopé les grands talens dans les sciences & dans les arts. C'est par la passion que le génie fait les plus grands efforts & s'éleve au plus grands succès dans tous les genres, & fait dire à un Correge, qui ignore l'art de la pein-

peinture, après avoir examiné les tableaux des peintres célebres, *& moi aussi je suis peintre.* Mais dans les arts mécaniques, dans l'agriculture & dans l'industrie, la nécessité de vivre ou le désir de se procurer un peu d'aisance, sont les seuls motifs qui engagent les ouvriers à travailler, & les seuls capables d'animer leur travail; & l'insuffisance des salaires & des moïens de subsistance est aussi le seul motif qui les décourage, qui affoiblit leurs bras, les détruit ou les fait déserter. Il est vrai qu'il est naturel à l'homme, comme l'observe le Chevalier Temple, de préférer le repos au travail, de se livrer à l'oisiveté, & de vivre sans peine. Il n'est donc pas douteux que les ouvriers de l'agriculture & de l'industrie se livreroient au repos, s'ils le pouvoient; mais la loi de la nécessité, la nécessité de vivre ne leur permet pas de suivre ce penchant naturel. Le besoin les force au travail, & il n'est point de païs où le besoin n'exige un travail assidu, car il n'en est point où les salaires des ouvriers soient assez considérables, pour que les ouvriers puissent gagner en cinq jours de la semaine de quoi subsister le sixieme sans travailler. Dans les païs même où les vivres sont à bon marché, les salaires sont à bas prix. Il n'est donc pas nécessaire d'avoir recours à un impôt pour les forcer à travailler, ni pour animer leur travail. Il est vrai qu'on trouve des exemples de quelques ouvriers qui perdent un jour de la semaine, quelque fois plus, dans les jeux & les cabarets. Mais ces exemples ne changent rien à la loi générale de la nécessité qui ne permet pas aux ouvriers de perdre un seul jour, surtout s'ils sont mariés, & la plûpart le sont. Outre leur besoin personnel une mére, un pére infirmes, une femme, des enfans, leur demandent du pain tous les jours, qu'ils ne peuvent trouver que dans un travail sans interruption. Les ouvriers non mariés, & qui ne sont point chargés de la subsistance d'un parent infirme, ou de fréres & sœurs dans l'enfance, peuvent gagner sans doute en quatre ou cinq jours de quoi se reposer un ou deux jours. Mettez un impôt modéré sur cette classe d'ouvriers; ce ne sera pas un un impôt, ce ſera une loi de police, qui favoriſera la population, qui encouragera le mariage & protégera les mœurs.

Si l'on Croit l'impôt néceſſaire ſur les hommes qui n ont que des bras, pour rendre la répartition plus égale & pour répondre à l'étendue des beſoins de l'Etat; on eſt dans l'erreur.

Admettons cet impôt, & ſuppoſons qu'il ne prend rien ſur la ſubſiſtance des ouvriers, qu'il, ne les force pas à la déſertion ou à la mendicité, & qu'il ne les détruit pas;cet impôt produira néceſſairement alors un autre effet deſtructif de la ſource des richeſſes. Car pour que l'impôt ne prenne pas ſur la ſubſiſtance des ouvriers, ils doivent augmenter leurs ſalaires. On l'a aſſez éprouvé en Hollande & en Angleterre, pourque tout le monde ſoit convaincu que dans le cas de l'impôt ſur les ouvriers, l'augmentation des ſalaires eſt forcée par la néceſſité des ſubſiſtances, attenduque rien ne réſiſte à la loi de la néceſſité la plus impérieuſe de toutes les loix; il arrivera même ſouvent que cette augmentation excédera la proportion de l'impôt, & que quand on voudra

di-

diminuer ou ſupprimer l'impôt, il ſera impoſſible de ramener les ouvriers à leurs anciens ſalaires. Or toute main d'œuvre étant renchérie, il en réſulte que cet impôt au lieu de répondre à l'étendue des beſoins de l'Etat, tend à les accroître en attaquant la ſource de ſes revenus. Car il eſt aiſé de voir que les frais de l'agriculture augmentés par la cherté des ouvriers, le cultivateur ſera forcé de cultiver moins, ou moins bien: & l'induſtrie obligée d'accroître le prix de ſes ouvrages par la cherté de la main d'œuvre, travaillera moins, parceque la cherté lui fera perdre les avantages de la concurrence & du débit, ce qui ſera encore un contre-coup ſur les cultivateurs qui verront décroître les conſommations de leurs denrées, & les avantages de l'abondance.

Ainſi de quelque côté qu'on conſidére l'impôt ſur les ouvriers de l'agriculture & de l'induſtrie qui n'ont que des bras, il doit produire infailliblement cet effet: il diminue de toutes parts la ſomme du travail & conſéquemment la ſource de la vraïe richeſſe de l'Etat. On eſt bien dans l'erreur

reur, ſi l'on croit alors que le travail utile ou néceſſaire à la proſperité de l'Etat, manque de ſujets. Ce ſont au contraire les ſujets qui manquent de travail, parceque par la faute de l'adminiſtration le travail ne produit pas une ſubſiſtance aiſée ou des ſalaires ſuffiſans. Obſervez l'ordre naturel de nos ſociétés, vous verrez les hommes ſe porter en foule partout où ils trouvent un ttavail utile & des bénéfices à faire. C'eſt ce qui fait que des païs dévaſtés par la guerre, ſe relevent promptement, & que d'autres reſtent déſerts; & que les villes de commerce & les capitales, ainſi que les campagnes voiſines, ſont extrêmement peuplées, malgré l'excès de l'impôt, pendant que cet excès détruit les autres parties de la Monarchie, qui cependant ſont les vraies parties conſtituantes de ſa force & de ſa proſpérité.

§. 4. De l'impôt territorial.

Il n'eſt pas douteux, que la forme nouvelle de l'impot territorial, converti en un équivalent en fruits, qui dans un inſtant établiroit chez tous les cultivateurs la liberté & l'eſprit depropriété, donneroit promptement un grand accroiſſement à l'agl'agriculture. Qu'on se représente une somme de productions accrue du double, ou tout au moins d'un tiers, entre les mains des cultivateurs, qui après avoir fait leur recolte se trouvent immédiatement quites de tout impôt, & propriétaires de tout l'argent qu'ils peuvent se procurer par la vente de leur superflu, par leur industrie & leur économie; on conçoit aisément le ton d'aisance qui s'établit dans leurs maisons, l'embonpoint de leurs familles, & bientôt l'accroissement de population qui en est la suite naturelle. Suivez ensuite cette somme de productions sortant par la vente, des mains des cultivateurs. Sous vos yeux l'industrie s'anime & s'éleve par l'abondance qui procure le bas prix des matières premieres & de la main d'œuvre; & le peuple qu'elle entretient, vit dans l'aisance & s'accroît; l'aisance, l'opulence même s'établit chez les entrepreneurs de l'industrie, chez les négocians, par une plus grande somme d'objets de travail, d'industrie & de commerce; & chez les rentiers & les grands propriétaires par un revenu que l'abondance & l'aisance publi-

bli-

blique rendent plus facile & plus certain, ou par une augmentation considérable de revenu. L'aisance est universelle dans la monarchie, & sert encore à multiplier infiniment les moïens de subsistance par la circulation active & continuelle des productions brutes ou mises en œuvre, & par l'accroissement progressif des consommations.

L'impôt territorial converti en un équivalent en fruits, présente une ressource très-bornée dans le moment pour les finances, mais dans un avenir très-prochain d'un prix infini, dans une Monarchie surtout où l'agriculture est en mauvais état. Il est certain que cette conversion établit promptement l'aisance chez les cultivateurs, qui bientôt ne cessent d'améliorer leur culture, & de donner sans cesse de nouveaux accroissemens à l'impôt territorial en en donnant à leur aisance par une plus grande abondance de productions. Avec le secours de cette forme de l'impôt territorial, le ministre assure la liberté du commerce des grains, heureux encouragement, qui donne encore de nouveaux accroissemens à l'agriculture & à l'impôt territorial: cette forme de l'impôt lui donne en même tems les moïens d'assurer toujours l'abondance dans des années de disette. Tous les avantages de cette forme de l'impôt à l'égard de l'abondance des productions des terres d'une Monarchie, sont expliqués dans un assez grand détail à l'article *de l'agriculture*. Il faut ajouter ici l'avantage qui en résulte à l'égard des impôts indirects.

On appelle ici impôts indirects, tous les impôts, quels qu'ils soient, qui ne portent point directement sur la terre; mais sur les rentes, les maisons, les denrées & marchandises, sur les bestiaux, sur l'industrie & sur les personnes. Tous ces impôts sont indirects sur les terres, parcequ'ils sont tous une partie des prix des productions naturelles. Les productions de la terre sont la seule richesse; & cette richesse, qui a païé l'impôt dans les mains du cultivateur qui la fait croître, le païe encore lorsqu'elle est sortie de ses mains, sur les valeurs nouvelles ou accroissemens qu'elle reçoit dans les différentes mains par lesquelles elle passe; & quoique ces

ces impôts portent ainsi indirectement sur l'agriculture, puisqu'ils se prennent sur la richesse de ses productions, cependant ils ne peuvent l'affecter & lui porter préjudice, que dans le cas où ces impôts indirects, portés à l'excès, feroient tellement resserrer les consommations, que les productions ou une grande partie resteroient invendues chez les cultivateurs.

La forme de l'impôt territorial converti en un équivalent en fruits, augmentant considérablement l'abondance des productions naturelles, ne sauroit manquer d'enrichir infiniment l'industrie & le commerce, d'accroître les richesses nationales, & conséquemment toutes les consommations. Cette forme seule de l'impôt territorial enrichira donc infiniment la source même de l'impôt territorial & celle de tous les impôts indirects qui en recevront naturellement un accroissement infini, sans que le ministre en augmente le taux. C'est ainsi que la vraïe science de l'administration des finances enrichit les revenus de l'Etat, en enrichissant celui des sujets, & lui assure en même tems des ressources faciles pour tous les cas où l'Etat peut avoir besoin de ressources. C'est ainsi qu'un ministre peut enrichir les finances d'une Monarchie par la richesse qu'il procure aux peuples de la Monarchie.

§. 5. Des droits sur les consommations.

De tous les impôts, celui des droits sur les consommations est le plus riche dans beaucoup d'Etats. Il seroit en même tems le moins inégal dans la répartition & le moins à charge aux sujets, si l'on évitoit l'excès, & si l'on ne le rendoit pas destructif de l'agriculture, de l'industrie & du commerce par l'excès; surtout si on ne l'étendoit pas sur les productions de premiere nécessité.

Il faut examiner avec soin cet impôt pour en connoître le prix, & savoir dans quelles limites il doit être retenu pour être utile aux finances sans destruction. Car il n'arrive que trop souvent qu'un impôt qui au moment de son institution ou pendant quelques années enrichit les finances, en détruit en même tems la source. Les droits sur les consommations peuvent produire ce double effet. Ils l'ont produit depuis long tems en Hollande & en Angleterre.

Si

Si on veut savoir d'où le peuple des villes tire ses moïens de subsistance & en même tems les moïens de païer l'impôt, il faut remonter à la source de toute richesse publique & particuliere, & cette source ne se trouve point ailleurs que dans l'agriculture, dans les sillons & sous le chaume du laboureur. La richesse passe directement de cette source dans les mains des grands propriétaires, dans la caisse de l'Etat, dans les mains des emploïés, soit par l'Etat, soit par les Seigneurs; dans les mains des négocians, dans celles des fabricans, & dans celles des rentiers de l'Etat & de ceux des grands propriétaires. Il n'en passe rien directement dans les mains du peuple, qui n'a de moïens de subsistance, que dans un art lucratif. Le peuple attire une partie de cette richesse par l'exercice de son art, & par conséquent par une voïe indirecte. Cette voïe est précaire, & tient le peuple dans la dépendance absolue des dépenses que font les emploïés, les rentiers, les négocians, les fabricans, les Seigneurs & le Souverain. Ce sont ces dépenses qui fournissent au peuple des villes les moïens de subsister & de païer l'impôt.

On croit communément que le peuple des villes, abstraction faite des habitans qui y vivent de leurs rentes ou de leurs emplois, païent des impôts au Souverain, & que dans celles où il est pauvre, il n'est pauvre, que parcequ'il y succombe sous le poids des impôts. C'est une erreur dont il est facile de se convaincre, & il importe infiniment de connoître cette erreur. Cette classe des habitans des villes qu'on nomme le peuple, n'a d'autre fonds, n'a d'autre richesse que son industrie. C'est de ce fonds uniquement qu'il tire sa subsistance & le moïen de païer l'impôt, & partout il met un prix à son industrie rélatif au poids de l'impôt; ensorteque le prix de son industrie augmente à mesure que le Souverain donne des accroissemens à l'impôt. Car c'est une vérité incontestable que chaque individu pense en même tems en païant l'impôt, aux moïens de se rembourser aux dépens de son voisin & de ses rélations: en conséquence il met son industrie à un plus haut prix, & par cette raison l'augmenmentation du prix devient générale. C'est-là une cause bien sensible de la cherté de toute main d'œuvre. Qu'on suppose pour un moment la classe des Seigneurs, des négocians, rentiers & emploïés par l'Etat, absents de la ville: alors l'impôt y devient absolument nul. Non seulement le peuple est dans l'impuissance de le païer, mais il est forcé de déserter pour aller chercher ailleurs des moïens de subsistance; ou de se livrer à la mendicité. C'est donc la classe des Seigneurs, des négocians, des rentiers & emploïés, qui païe l'impôt, & ce païement se trouve dans l'accroissement donné à leur dépense par l'impôt. Tout ce qui résulte de l'excès de l'impôt dans les villes, c'est que les consommations se resserrent: l'économie de la premiere classe resserre alors les moïens de subsistance. Le peuple devient pauvre, non par le païement de l'impôt auquel il paroit soumis, mais parceque les moïens de subsistance lui manquent; parcequ'il a moins d'objets pour exercer son industrie, ou n'en a point du tout. Alors l'impôt sur les consommations détruit sa propre source. C'est le Cas où l'impôt excessif rapporte infiniment moins que l'impôt modéré. L'agriculture ne se soutient en bon état que par les consommations. Si l'excès des droits sur les consommations, les resserre dans les villes, à moins qu'une grande exportation chez l'étranger n'y supplée; tout est perdu. Les pauvres se multiplient à l'infini, l'Etat reçoit moins, le rentier & l'emploïé ne sont bientôt plus païés ou le sont mal, les Seigneurs voient tous les jours décroître leur revenu, & les négocians les objets de leur commerce.

Cet impôt immodéré est bien plus destructif encore, si on l'a étendu sur toutes les choses nécessaires à la vie, & s'il a lieu dans les campagnes, comme en Hollande & en Angleterre. En Hollande l'excès de cet impôt ajouté à l'avilissement du numéraire, a précipité la ruine de l'industrie, & presque entiérement dépeuplé toutes les villes qui n'ont point de port de mer. L'agriculture n'en a pas été affectée, parceque se trouvant bornée à un petit territoire, & ne pouvant suffire à nourrir le quart des habitans, le défaut de consommation, les droits

quels

quels qu'ils soient, ne sauroient la décourager. Il n'en est pas de même en Angleterre: les droits sur les consommations y détruisent également l'industrie & l'agriculture, parceque les fabricans & les cultivateurs trouvant la main d'œuvre plus chére, travaillent moins & moins bien, ou renoncent à un travail dont la cherté de la main d'œuvre absorbe les bénéfices. On éprouvera toujours ce malheureux effet des droits sur toutes les choses nécessaires à la vie, lorsqu'on les étendra sur les campagnes, dans le domicile des manufactures, & lorsque leur excès fera resserrer les consommations dans les villes.

(*a*) Les droits sur les consommations de premier besoin se prennent sur la subsistance du peuple industrieux & du pauvre, pendant qu'ils n'affectent que le luxe ou le superflu du riche. Il y a entre la classe des citoyens aisés & celle des citoyens industrieux une disproportion immense. Les droits sur les consommations opérent bien une inégalité en-

(*a*) *Voyez la richesse de l'Angleterre.*

entre les citoyens aiſés, parceque leur aiſance eſt très-inégale; mais il n'en réſulte qu'une gêne perſonnelle, plus ou moins grande, qui ne tire à aucune conſéquence pour la proſpérité de l'Etat: pendant que la diſproportion à l'égard des citoyens induſtrieux, porte avec ſoi la deſtruction de la proſpérité. Les petits propriétaires des terres & les fermiers diminuent leurs avances, la cherté des ouvriers les oblige d'économiſer ſur les frais de culture; ils ne donnent plus à leurs terres le travail qu'exige une bonne culture; une diſette permanente s'établit bientôt, & des familles d'ouvriers en grand nombre ſont réduites par la diminution du travail à la mendicité, ou forcées de s'expatrier. La même choſe arrive à l'égard des manufactures; & dans l'une & l'autre claſſe, un nombre infini d'hommes tombent tous les jours en nonvaleur, & il n'eſt point de nonvaleur plus deſtructive. Il eſt aiſé de voir que la branche des droits ſur les conſommations de premiere néceſſité détruit par conſéquent la ſource de toutes les autres branches de l'impôt. Toutes les conſommations

du

du luxe se resserrent naturellement, parceque l'agriculture & l'industrie sont la source des richesses particulieres qui nourrissent le luxe, comme de celles qui soutiennent l'Etat. Les droits sur le luxe décroissent; ceux de la douane ne peuvent manquer de décroître en proportion, & l'impôt ordinaire sur les terres devient enfin insoutenable, & doit être bientôt infiniment réduit par des nonvaleurs.

Telles doivent donc être les limites de l'impôt sur les consommations. Pour éviter ces inconvéniens destructifs, on ne doit jamais l'étendre sur les choses nécessaires à la vie dans les campagnes & dans le domicile des manufactures; & dans les villes il doit être arrêté au dégré par-delà lequel il feroit resserrer les consommations, il détruiroit la population, multiplieroit les mendians & rapporteroit infiniment moins, qu'un impôt moderé: car l'impôt moderé qui multiplie des droits modiques, est à préférer à celui qui produit de gros droits, mais qui en resserre la quantité, & détruit en même tems la source de l'impôt.

Les

§. 6. Du luxe. Les droits sur le luxe, dont une partie sont des droits sur les consommations, & les douanes, exigent moins de modération. Le luxe présente un fonds au ministre de la finance, dont il peut tirer un grand revenu sans détruire, il est en même tems une source abondante de subsistances pour le peuple.

(a) Il n'est guére de sujet de morale qui se prête plus que le luxe en général, à la déclamation, à la satyre, à l'humeur même: on peut observer dans toutes les reflexions qu'on a publiées contre le luxe avec une abondance infinie, qu'on y a continuellement confondu le luxe considéré rélativement à l'intérêt général avec le luxe qui peut intéresser une ou plusieurs familles, un ou plusieurs citoyens. Leur ruine ou leur dérangement paroissent aux yeux de quelques politiques, un désordre général qui leur annonce l'affoiblissement, le décroissement des forces ou du nerf de l'Etat, & sa chute prochaine.

L'abus des richesses chez un grand nombre de particuliers, présente un su-

(a) Voyez les intérêts des nations &c. & le commerce de la Hollande.

ſujet de morale très-abondant, beaucoup de vérités utiles à publier. Mais on ſe trompe lorsqu'on veut en étendre l'intérêt jusques à la proſpérité d'une nation, & conclure ſa décadence ou ſa chûte, de l'abus que quelques particuliers font de leurs richeſſes. Il n'eſt pas difficile de prouver, que cet abus eſt presque toujours utile à l'Etat en général, & l'on auroit bien de la peine à marquer avec exactitude les circonſtances où cet abus peut cauſer à l'Etat un préjudice momentané.

Faire l'éloge du luxe peut paroître une eſpèce d'attentat ſur les mœurs, aux perſonnes qui refléchiſſent peu ſur les matiéres politiques, qui n'apperçoivent pas la chaine des ſecours mutuels que toutes les différentes claſſes du peuple, qui forment enſemble le corps d'une nation, ſe donnent continuellement par leurs conſommations reſpectives, & que c'eſt de cette chaine, ou ſi l'on veut, de cette circulation perpétuelle de ſecours réciproques, dont les conſommations reſpectives ſont la ſeule ſource, que naiſſent généralement tous les moïens de ſubſiſtance ; moïens qui con-

conſtituent la force ou la foibleſſe de l'Etat, ſuivant qu'ils ſont plus ou moins grands & faciles. Tout ce qui altère cette circulation, ou ce qui eſt la même choſe, qui altère ou ſuſpend le cours des conſommations reſpectives, attaque la force de l'Etat dans ſon principe ; comme tout ce qui l'anime, augmente la force de l'Etat.

Vous qui declamez contre le luxe, vous ignorez donc que le luxe eſt un des plus grands reſſorts de la proſpérité d'une grande nation ; faites attention que la ſuppreſſion du luxe entraine celle de la conſommation, & que ſans la conſommation tout tombe en nonvaleur. N'a-t-on pas en main dans l'impôt les moïens d'en arrêter les excès. C'eſt l'inégalité des fortunes qui a introduit & maintient le luxe ? Pouvez-vous rendre les fortunes égales ? Dès qu'il eſt impoſſible de corriger cette inégalité, n'entreprenés pas de corriger le luxe. Car cela eſt heureuſement impoſſinle. Les richeſſes particulieres, même celles du fiſc, ne ſe forment & n'augmentent qu'en ôtant le néceſſaire phyſique à une partie des citoyens ;

il

il faut donc qu'il leur soit rendu par les consommations du luxe: & plus le luxe leur renvoit par ses consommations, plus le principe productif acquiert de force & d'activité ; plus enfin l'Etat devient puissant. C'est sur ce principe que M. de Montesquieu dit, que pourque l'Etat monarchique se soutienne, le luxe doit aller en croissant, du laboureur à l'artisan, aux négocians, aux Nobles, aux grands Seigneurs, aux traitans, sans quoi tout est perdu.

Le ministre de la finance, bien loin d'être ennemi du luxe, aime à y trouver une grande source de revenus pour l'Etat; il y trouve une ressource immense, par des droits d'entrée & de consommation, par des droits sur toutes les différentes branches du luxe, sans donner d'atteinte aux moïens de subsistance du peuple, & sans nuire au principe productif, pourvû qu'il ne porte pas l'impôt à l'excès qui feroit resserrer les consommations du luxe; parce qu' alors l'excès produiroit ce double effet ruineux, il tariroit la source de cet impôt & diminueroit les moïens de subsistance du peuple.

(*a*) „ Cependant on ne doit pas craindre que les produits de cet impôt soient incertains ou médiocres parcequ'il ne sera fondé que sur des choses qui ne sont pas d'une absolue nécessité. Les hommes une fois séduits par le luxe, ne peuvent jamais y renoncer; ils renonceroient plutôt au nécessaire. L'habitude, le goût & la vanité l'emporteront sur les frais de la taxe. Tant qu'il y aura des riches, ils voudront se distinguer des pauvres, & l'Etat ne sauroit se former un revenu moins onereux, ni plus assuré, que sur cette distinction „.

Doit-on écouter les plaintes des gens riches sur les quels tombe uniquement tout le poids de cet impôt? Les riches n'ont-ils pas la plus grande part à la protection de l'Etat? Tous les avantages de la société, tous les emplois lucratifs ne sont-ils pas pour eux seuls? Toutes les graces, toutes les exemptions ne leur sont-elles pas reservées? Et l'autorité publique n'est-elle pas en leur faveur? Mais qui sont ces hommes riches & puissants? des rentiers & des

(*a*) M. J. I. Rousseau.

des Seigneurs. Les premiers vivent aux dépens de l'Etat : ils ſont donc très-directement intéreſſés à la conſervation de la Source des richeſſes de l'Etat. A l'égard des ſeigneurs, on peut leur damander s'ils ſont intéreſſés à la proſpérité des cultivateurs & de tous les peuples de la Monarchie; eux dont les revenus ont leur ſource dans les mains & dans l'aiſance des cultivateurs & du peuple induſtrieux? L'intérêt, le beſoin & le plaiſir uniſſent les hommes, & ces mêmes motifs les rendent tous injuſtes. Car tous voudroient jouir de la ſociété ſans en porter les charges, & partout le droit du plus fort les feroit tomber ſur le plus foible, plus ou moins ſuivant le dégré de protection, que les loix & le gouvernement accordent au plus foible.

Si l'on examinoit avec attention chez la plûpart des nations de l'Europe, les différentes branches de l'impôt, on en trouveroit que l'intérêt de l'induſtrie feroit diminuer ou ſupprimer tout-a-fait, & d'autres qu'on pourroit augmenter, parce qu'elles ne tombent que ſur le luxe, ſur la richeſſe & le ſuperflu. Les richeſses dans lesquelles l'Etat puise son revenu, dans quelques mains qu'elles existent, sont partout le produit de la culture des terres & de l'industrie du peuple. Détruisez l'une ou l'autre dans l'Etat, les richesses des rentiers, celles des propriétaires des maisons & des terres, même celles du commerce, seront bientôt annullées, & conséquemment celles de la finance.

§. 7. De quelques autres branches de l'impôt.

Les droits sur le tabac, le thé, le caffé, le cacao, le sucre, les huiles d'olive, les vins, les eaux de vie, les étoffes & les toiles de luxe des manufactures étrangères, tous ces articles qui sont la plûpart d'une grande consommation, peuvent soutenir de grands droits.

Un impôt sur les rentes, sur les hypothéques, sur les revenus des terres des grands propriétaires, soit par vintième ou dixieme, sur les maisons des villes, sur les maisons de plaisance, sur les chevaux & les voitures de toutes sortes, qui ne sont point occupées par l'industrie; sur toutes sortes de domestiques, sur les ventes volontaires d'immeubles, sur les ventes publiques de meubles & d'immeubles; le droit de timbre ré-

rélatif à la ſomme portée par le contract ; le droit ſur les ſucceſſions, ſoit teſtamentaires, ſoit ab *inteſtat*, hors de la ligne directe des deſcendans, rélatif à la richeſſe des ſucceſſions ; toutes ces branches de l'impôt préſentent au miniſtre de la finance un produit très-riche, & d'autant plus riche que le luxe qui en eſt la baſe, ne ceſſera de lui donner des accroiſſemens, ſi l'agriculture & l'induſtrie ſont dans un état floriſſant ; & ſi par un excès imprudent, on ne force pas les gens aiſés à reſſerrer les conſommations.

Une obſervation très-importante n'echapera pas à l'attention d'un miniſtre éclairé, à l'égard de l'impôt d'un dixième ou d'un vintième ſur le produit des terres & des maiſons. Il eſt preſque impoſſible d'obſerver dans la répartition de l'impôt une juſte proportion entre tous les citoyens, car ce qui paroit proportionnel, ne l'eſt point du tout. Si on leve un dixieme ſur un petit produit & le même dixième ſur un grand, il n'y a point de proportion entre les deux propriétaires. Le premier païe un impôt très-onereux, pendant que le ſecond s'en apperçoit à peine. L'impôt peut attaquer la subsistance du premier, pendant qu'il n'affecte que le luxe & le superflu du second. Cette observation fera exempter de cet impôt tous les petits propriétaires, ceux surtout qui avec leurs bras cultivent eux-mêmes leurs terres. Sans cette exemption l'agriculture seroit ruinée.

Il y a encore une autre observation à faire très-intéressante sur les terres des grands propriètaires, sur les maisons des villes & sur les maisons de plaisance, considérées rélativement à l'impôt territorial & à celui d'un dixième ou vintième du produit net des immeubles. Il est certain que l'impôt sur le produit des immeubles, en diminue le produit & conséquemment la valeur à l'égard des propriétaires actuels lors de l'institution de l'impôt. Tous les propriétaires existans dans ce moment en reçoivent une diminution proportionnelle de leur fortune. Cet impôt peut leur être fort onéreux sans les ruiner & sans nuire à la prospérité des peuples, que la direction de l'impôt doit toujours respecter. Mais

cet

cet impôt une fois établi, qui aura nécessairement causé une diminution plus ou moins sensible dans la fortune des propriétaires actuels, sera levé à l'avenir sur les mêmes immeubles & sur le même pié, sans qu'il en coute rien aux propriétaires successeurs de ceux qui existoient lors de l'institution de l'impôt.

La raison en est bien simple : tous les immeubles se vendent ou entrent dans les partages sur le pié de leur valeur actuelle, & cette valeur n'est déterminée & fixée que par leur produit net, déduction faite de l'impôt & de tous les droits onéreux. Ainsi celui qui acquiert un immeuble de dix mille livres de produit, ne l'acquiert & ne le paie que sur le pié de toutes les charges déduites ; ensorte que si l'immeuble se trouve réduit par l'impôt ou d'autres charges à cinq mille livres de produit, il n'en paie le prix que sur le pié de cinq mille livres de produit. Il résulte de-là nécessairement que le nouveau propriétaire ne paie point l'impôt aux dépens de sa fortune, mais aux dépens du premier propriétaire, dont la fortune a souffert la diminution du capital du montant de l'impôt. La fortune du nouveau propriétaire n'en est aucunement affectée. Il n'est à l'égard de l'impôt qu'il trouve établi, qu'un simple représentant; puisqu'il a dans ses mains le capital du produit de l'impôt qui s'y trouve au-delà du prix qu'il a païé pour la valeur de l'immeuble, ou pour le quel il s'en trouve propriétaire.

§. 8. De l'impôt sur le sel & le tabac.

Il y a deux sortes de denrées de la plus grande consommation, que le ministère a depuis long tems mis en monopole dans plusieurs Etats de l'Europe. On a cru que c'étoit une bonne opération de finance, que de donner au Souverain le commerce exclusif du sel & du tabac, & de forcer les peuples à les païer à un prix exorbitant au-dessus du prix marchand.

Le commerce exclusif du sel a donné lieu à des frais immenses d'administration, en pure perte pour le Souvèrain, à des frais & à des nonvaleurs infinies pour les peuples, & surtout pour les peuples cultivateurs. M. de Forbonnais dans deux vol. in 4° sur les finances, imprimés

à

à Paris avec privilége, (*a*) assure que les gabelles, c'est-à-dire l'impôt sur le sel compris dans le bail des fermes de 1750, pour quarante quatre millions, coûtent au peuple en argent ou en nonvaleurs, quatre vingt-dix millions. Cette assertion n'a point été contredite. Cette perte pour le peuple ou pour l'Etat, car c'est la même chose, est énorme. Elle est de 46 millions; elle est de plus de moitié du prix porté dans le bail des fermes. Il ne faut pas croire que les fermiers gagnent une partie de ces 46 millions. Ils ne gagnent rien sur cet impôt. On prétend même qu'ils y perdent. Cette perte pour l'Etat & pour le peuple, n'est donc que l'effet d'un systême compliqué. Seroit-il impossible de trouver en changeant la forme de cet impôt & de sa perception, un grand accroissement dans le produit, & un soulagement très-important pour les peuples cultivateurs? Il n'y a peut-être point d'Etat, où l'impôt sur le sel présente rélativement une perte aussi énorme. Mais il n'y en a point parmi

(*a*) *Recherches & considérations sur les finances de France.*

ceux où l'on a donné au Souverain le commerce exclusif du sel, qui ne reçoive un grand préjudice de cette forme de l'impôt sur le sel.

Si l'on vouloit soûmettre cette branche de l'impôt à un examen impartial, on trouveroit bientôt le moïen de le simplifier & d'en simplifier la perception avec des avantages infinis pour le Souverain; car on réuniroit le soulagement du peuple à une augmentation de revenu pour les finances. On ne verroit d'abord sur cet impôt qu'un simple droit de consommation. Ne pourroit-on pas faire païer ce droit de consommation dans les salines aux consommateurs & aux marchands qui viendroient s'y pourvoir, à un taux qui seroit l'équivalent du prix pour lequel on fait vendre le sel pour le compte du Souverain?

Si l'on craint que des sujets ne fabriquent du sel, & ne fraudent ainsi les droits de consommation, ou qu'il ne soit trop difficile de l'empêcher; on peut imposer dans les campagnes un droit en argent sur chaque famille, qui tienne lieu du prix qu'on fait païer à chacune au dessus du

prix

prix marchand, & un droit d'entrée dans les villes.

On peut aisément s'assurer du montant de la consommation de chaque famille, par le calcul de celle d'une famille donnée, & arrêter ensuite tous les ans un rolle dans chaque paroisse, qui y fixe le montant du droit de consommation. Le même calcul peut déterminer le taux du droit d'entrée dans les villes. Pour lors l'impôt réduit à une simple recette, il n'y a plus ni frais ni faux frais à la charge des peuples, ni pour le compte du Souverain; & le sel devenu libre & marchand, les cultivateurs ne craignent plus d'en donner à leurs bestiaux & de se donner en même tems des salaisons, encouragement très-intéressant pour l'agriculture.

Le tabac est une denrée dont la consommation est devennue immense, & semble recevoir tous les jours de nouveaux accroissemens. On a infiniment multiplié les plantations de tabac dans l'Amérique, en Europe & dans le Levant. Cependant le tabac brut est depuis un grand nombre d'années toujours à peu près au même prix, suivant sa qualité. Le tabac est en même tems la source de la branche de l'impôt la plus riche & la moins onéreuse au peuple. Elle est cependant négligée en Hollande. Le tabac étranger n'y est soûmis qu'à un droit d'entrée de 5 p %. L'Etat n'exige rien sur celui du païs, & les débitans qui en vendent le plus au public, ne païent que 50 fl. d'impôt par année. En Angleterre, le prix du tabac brut est à deux deniers & demi sterl., & le droit de douane en porte le prix à près de neuf deniers.

L'impôt sur le tabac dans les Etats où le Souverain en a le commerce exclusif, est infiniment plus considérable. Mais il s'en faut beaucoup que l'Etat en retire tous les avantages que cet impôt devroit lui donner,

Pour en juger, il ne faut que donner un peu d'attention à l'article du tabac dans les fermes générales de France: car ailleurs la ferme de cet impôt est traitée à peu près de même. L'auteur de la *théorie de l'impôt*, a rapporté un état des fermiers généraux sur la consommation du tabac, qui porte l'achat du tabac brut *a 24* *mil-*

milions de livres pesant. C'est à quoi les fermiers généraux fixent dans cet état le montant de tabac brut qui se consomme en France, outre ce qui y est introduit en fraude. On ajoute ensuite à cet état, *qu'il faut déduire sur cette consommation, les déchets & les frais de fabrication.* On ne peut pas soupçonner les fermiers généraux d'avoir exagéré le montant de leurs achats de tabac brut. Leur intérêt leur a toujours fait cacher avec soin le montant de leurs bénéfices autant qu'il leur a été possible. C'est ce qui arrive dans tous les païs où il y a des fermiers de l'Etat. On sait cependant par le commerce, qu'ils païent tous les ans environ six millions de livres tournois à l'Angleterre pour du tabac de l'Amérique, & environ quatre ou cinq tant pour les tabacs de Hollande que pour ceux de l'Allemagne, pour mêler avec celui de l'Amérique; ce qui suppose nécessairement beaucoup plus de 24 millions de livres pesant de tabac brut, montant de la consommation de la ferme.

Sur ce montant de la consomation de tabac brut avoué par les fermiers

miers généraux, en ſuppoſant que leur achats ſont bornés à ces 24 millions de livres, il eſt facile de calculer le produit de l'impôt, non dans les mains & au bénéfice des fermiers, mais ſeulement pour l'intérêt de l'Etat.

Il faut croire que les fermiers n'ont ajouté à l'état rapporté ci-diſſus, *qu'il faut déduire ſur les 24 millions de livres d'achat, les déchets & les frais de fabrication ;* que parceque leurs fabricans & leurs emploïés, leur donnent dans la fabrique, une diminution du poids du tabac brut, & qu'on leur porte en dépenſe des frais pour une grande ſomme au delà des frais néceſſaires. On va voir que la déduction des déchets, bien loin de donner une diminution réelle ſur le poids des 24 milions de livres, laiſſe á l'acheteur une augmentation à faire á ces 24 milions de livres, de ſix pour cent de tabac brut.

Le tabac ſe peſe à la vente ſans futaille & ſans emballage; & le vendeur donne encore treize pour cent de tarre & de bon poids. Tous les déchets qu'un bon fabricant trouve enſuite en fabricant ſon tabac, ſe réduiduifent au plus à fept pour cent. Il lui refte donc fix pour cent de bénéfice fur le poids de tabac brut. A cela il faut ajouter que dans les mains d'un bon fabricant qui fait raper fon tabac par un moulin bien fait, qui fait lui donner les meilleures préparations, & fe procurer du tabac brut qui n'eft ni mouillé ni pourri, qui ne contient que fon huile effentielle, augmente le poids de fon tabac brut par les humectations néceffaires, de cinquante pour cent. C'eft fur ce pié que toutes les fabriques de Hollande travaillent aujourd'hui. Tous les fabricans hollandois s'enrichiffent, & cependant ils vendent leur tabac aux marchands détailleurs, au même prix qu'ils l'achetent brut.

Il faut donc regarder comme un fait certain, que le poids de 24 millions de livres de tabae brut achetées par les fermiers, leur donne d'abord en poids 36 millions de tabac fabriqué; à quoi ajoutant les fix pour cent en poids qui leur refte du montant de la tarre & bon poids, ce reftant monte, étant fabriqué, au poids de 2220, 000. liv. & ce poids provenant de la tarre & bon poids donné né par le vendeur, au bénéfice de l'acheteur, à 60 sols la livre qui est le prix du tabac des fermes, donne en argent 6560, 000 ₶. Il semble que cette somme devroit suffire pour païer tous les frais de fabrication: ensorte qu'il faudroit calculer le bénéfice des fermiers sur les 24 millions de livres de tabac brut sur le pié de 36 millions de livres de tabac fabriqué, les déchets & frais de fabrication déduits, ce qui a 60 sols la livre, produit de bénéfice net cent huit millions, sur lequel il faut déduire 33 millions prix de la ferme du tabac. Il reste donc de bénéfice sur la ferme pour les fermiers 75 millions, sur lesquels il faut déduire le prix du tabac brut, qu'on estime 9 millions. Le bénéfice net suivant l'état d'achat de tabac brut, avoué par les fermiers, est donc de 66 millions.

On peut aisément croire que la consommation du tabac fabriqué, dans un Royaume tel que la France, monte en poids à 40 millions de livres. Car on ne peut pas moins donner de 8 liv. de consommation par année, aux consommateurs l'un dans l'autre, & supposer moins d'un

tiers

tiers de la population qui consomme du tabac. Ce calcul est fort modéré.

Mais on seroit dans une grande erreur, si l'on croïoit que les fermiers font ce gain immense sur le tabac. Ils païent des frais énormes en gardes, en transports, en emploïés de toutes sortes ; & il faut croire que leurs fabriques ne sont pas montées, ni conduites avec les soins & l'économie que les Hollandois emploïent dans les leurs. Il faut ajouter à ces diminutions, que les bénéfices sur cette branche de leur bail doivent supporter les frais infinis qu'ils font sur les autres branches, dont la plûpart leur donnent peut-être beaucoup de perte, au lieu de bénéfice.

Ce que le fermier gagne, ou pourroit gagner dans les Etats où l'on a mis en ferme le privilége exclusif de vendre le tabac, ne demande de l'attention ici, que pour démontrer à peu près le bénéfice que l'Etat feroit, en changeant seulement la forme de percevoir cet impôt ; en le réduisant à une simple recette ; ce qui seroit fort facile.

Le droit de l'Etat & celui des villes en Hollande montent à 2 fl. par piéce de bierre, & le prix de la bierre est de deux fl. L'Etat, ni les villes n'ont rien à faire avec les consommateurs pour la perception de cet impôt. Les brasseurs en sont chargés. Ils vendent leur bierre la piéce 4 fl. & rapportent 2 fl. à la caisse de l'impôt. On n'a jamais entendu parler de fraude sur la perception de ce droit. On sait ce qu'un brassin produit de pièces de bierre, & le brasseur ne sauroit dérober un seul brassin à la connoissance du receveur, qui lui tient un compte ouvert qui est tout simple & qui écarte tous frais inutiles de la perception de l'impôt.

L'impôt sur le tabac pourroit être perçu d'une manière aussi sûre, aussi simple & aussi peu dispendieuse. Le fabricant ne pouvant fabriquer sans y être autorisé, ni faire entrer dans le royaume, du tabac brut sans un passe-port, étant débité dans son compte ouvert chez le receveur, du montant de ses achats avec l'accroissement de 50 p $\frac{o}{o}$, ne pourroit commettre de fraude, & s'enrichiroit. L'Etat alors n'auroit que des frais

de

de recette à païer & des fraïs de garde fort modérés, puisque les douanes exigent des gardes qui servent en même tems pour empécher l'entrée du tabac en fraude.

§. 9. De l'impôt sur le vin.

L'impôt sur le vin est partout fort simple, excepté en France, où sous la dénomination d'aides, la perception de cet impôt est tellement compliquée, qu'une homme qui l'entend bien, est parmi les gens de finance, un homme rare & fort estimé. Dans tous les Etats où l'on a établi un droit de consommation sur le vin, on a fait la faute de l'établir à raison de tant par mesure, sans égard à la valeur; en sorte qu'on exige les mémes droits sur les vins médiocres, que sur les vins des premieres qualités. On a mis de même un droit additionnel égal sur les vins qui se vendent au détail. Cette inégalité pourroit être corrigée partout en fixant le droit à tant pour cent de la valeur. Cette distinction seroit d'autant plus nécessaire & juste, que de plus grands droits de consommation sur les vins des premieres qualités, tombent sur le plus grand luxe.

M. de Forbonais assure encore, dans son ouvrage sur les finances de la France, que les aides coutent au peuple 80 millions. Le prix en étoit alors dans le bail des fermes à 13 millions. La règie des fermiers de cet impôt exige en France des frais énormes en emploiés & en gardes. S'il étoit converti en un simple droit de consommation de tant pour cent de la valeur, dont il seroit très-facile d'écarter à peu de frais tous les moiens de fraude, cet impôt infiniment moins onéreux au peuple, réduit à une simple recette, rapporteroit peut-être le double à l'Etat.

§. 10. De la capitation.

La capitation, ou l'impôt personnel, seroit peut-être l'impôt le moins onéreux, le plus juste & le plus riche, s'il étoit possible d'en écarter l'arbitraire. Comme cet impôt, en usage dans plusieurs grands Etats, présente dans la répartition une inégalité frapante & inévitable, on ne l'a regardé partout que comme une petite branche de l'impôt, & on l'a toujours entretenu à un taux fort modéré.

On proposa en France sous le ministére du Cardinal Mazarin, de réduiduire tous les impôts à une capitation. Ce projet fut renouvellé, il y a quelques années, dans une brochure sous le titre de *la richesse de l'Etat.* Il résulteroit en effet une grande richesse, c'est-à-dire un grand revenu pour les finances, de cet impôt unique, dans la théorie de l'auteur. Mais dans la pratique cet impôt auroit été la source de l'inégalité, de l'arbitraire, de mille abus & de mille injustices dans des détails infinis, & par conséquent la cause de la destruction la plus rapide.

Il est fort facile, quand on s'est assuré du montant de la population d'une Monarchie, d'imaginer une contribution quelconque par tête, & de composer de cette contribution une somme énorme à son gré. Comme on voit que dans la pratique, cette contribution ne sauroit être la même sur chaque sujet de l'Etat, on a facilement imaginé une division de tous les sujets en diverses classes : & il est certain que si l'on pouvoit comprendre les deux tiers ou la moitié des sujets dans les classes des sujets riches ou aisés, la capitation pourroit être portée à un grand produit sans être destructive. Mais cette richesse s'évapore même sur le papier, dès qu'on la soûmet à un calcul un peu exact. Qu'on compose les classes de sujets riches & aisés dans un état quelconque, ces classes ne comprendront pas un vintième des sujets. La capitation ne sauroit être que très-modérée sur les dix neuf vintièmes, si l'on ne veut pas détruire. On suppose la population de la France à vingt millions: qu'on impose sur dix neuf millions 3 ₶ par tête, ce qui comprend les peres, les meres & les enfans; cette capitation ne sauroit être plus forte sur cette classe, sans détruire, & cependant elle ne produira que 57 millions. Le vintiéme million de sujets qui doivent composer les classes supérieures, ne fournira pas cinq cens mille chefs de famille, à diviser en différentes classes, dont la derniere qui sera de deux cents mille au moins, sera composée de gens malaisés, dont la capitation ne pourra pas être l'un portant l'autre, de plus de 50 liv.; donc des cinq cens mille, les deux cinquiémes ne donneront que dix millions.

La

La classe suivante en remontant sera de cent mille & à 100 liv. de capitation au plus, cette classe donnera aussi dix millions. Qu'on suppose la 3me classe de 150 mille à 200 ℔; celle ci donnera 30 millions. On peut supposer une classe de 40, 000 à 500 liv. qui donnera 8, 000, 000. Une cinquieme de 5000, qui à 1000 liv. donnera 5, 000, 000. Une sixième de 3000 qui à 2000 liv. donnera 6, 000, 000. & enfin une septième classe de 2, 000. qui à 4, 000 liv. donnera 8, 000, 000.

Il faut suivre cette progression en remontant depuis la classe de ce qu'on appelle le peuple, jusques à celle des personnes qui sont vraïement riches, pour approcher d'une juste répartition autant qu'il est possible: & que produira alors cette idée d'impôt annoncée sous le nom de *richesse de l'Etat*, si on la réalise avec les précautions, & toutes les attentions nécessaires pour ne rien détruire? Un Etat dont la population monte à vingt millions de sujets, & dont les besoins montent à plus de quatre cens millions, recevra de l'impôt réduit à cette capitation 138, 000, 000. Qu'on double encore, si l'on veut, cette capitation, le produit ne sera que de 276 000 000 & beaucoup plus de cent millions au-dessous des besoins de l'Etat: & cependant on se sera livré à des injustices sans nombre pour former les différentes classes, dans lesquelles il se trouvera toujours des inégalités infinies. Qui oseroit se flater d'atteindre à une répartition égale? Qui pourroit parvenir à connoître exactement tout ce que l'industrie ou l'avarice dérobent à l'inspection, & tout ce que la vanité, le luxe, l'ostentation ou le défaut d'économie, montrent au public de richesses sans réalité?

„Si

(a) Dans l'impôt de la personne, la proportion injuste seroit celle, qui suivroit exactement la proportion des biens. On avoit divisé à Athenes les citoyens en 4 classes. Ceux qui retiroient de leurs biens cinq cens mesures de fruits liquides ou secs, païoient au public un talent; ceux qui en retiroient 300, devoient un demi talent; ceux qui avoient 200 mesures, païoient 10 mines, ou la dixieme partie d'un talent; ceux de la 4me Classe ne donnoient rien. La taxe étoit juste, quoiqu'elle ne fût pas proportionnelle: si elle ne suivoit pas la proportion des biens, elle suivoit la proportion des besoins. On jugea, que cha-

„Si la taxe par tête, dit le célébre citoyen de Geneve, est exactement proportionnée aux moïens des particuliers comme pourroit être celle qui porte en France le nom de capitation, & qui de cette manière est à la fois réelle & personnelle, elle est la plus équitable, & par conséquent la plus convenable à des hommes libres. Mais où prendre une méthode sûre pour atteindre à cette exacte proportion, même pour en approcher?

On ne sauroit donner trop d'attention à tout ce que le même auteur a écrit sur cette forme de l'impôt.

„Ces proportions paroissent d'abord très-faciles à observer, parcequ'étant rélatives à l'état que chacun tient dans le monde, les indications sont toujours publiques; mais outre que l'avarice, le crédit & la fraude savent éluder jusqu'à l'évidence, il est rare que l'on tienne compte dans

---

chacun avoit un *nécessaire physique* égal, que ce nécessaire physique ne devoit point être taxé; que l'utile venoit ensuite, & qu'il devoit être taxé; mais moins que le superflu; que la grandeur de la taxe sur le superflu empêchoit le superflu

M. *de Montesquieu*, esprit des loix.

ces calculs, de tous les élémens qui doivent y entrer. Premiérement on doit considérer le rapport des quantités, selon lequel toutes choses égales, celui qui a dix fois plus de bien qu'un autre, doit païer dix fois plus que lui. Secondement le rapport des usages, c'est-à-dire, la distinction du nécessaire & du superflu. Celui qui n'a que le simple nécessaire, ne doit rien païer du tout; la taxe de celui qui a du superflu, peut aller au besoin jusques à la concurrence de tout ce qui excéde son nécessaire. A cela il dira qn'eu égard à son rang, ce qui seroit superflu pour un homme inférieur, est nécessaire pour lui; mais c'est un mensonge: car un grand a deux jambes ainsi qu'un bouvier, & n'a qu'un ventre ainsi que lui. De plus ce prétendu nécessaire est si peu nécessaire à son rang, que s'il savoit y renoncer pour un sujet louable, il n'en seroit que plus respecté. Le peuple se prosterneroit devant un ministre qui iroit au conseil à pié, pour avoir vendu ses carosses dans un pressant besoin de l'Etat. Enfin la loi ne prescrit la magnificence à personne.

Un

Un troisième rapport, qu'on ne compte jamais, & qu'on devroit toujours compter le premier, est celui des utilités que chacun retire de la confédération sociale, qui protége fortement les immenses possessions du riche, & laisse à peine un misérable jouir de la chaumière qu'il a construite de ses mains. Tous les avantages de la société ne sont-ils pas pour les puissants & les riches? tous les emplois lucratifs ne sont-ils pas remplis par eux seuls? toutes les graces, toutes les exemptions ne leur sont-elles pas reservées? & l'autorité publique n'est-elle pas toute en leur faveur? qu'un homme de considération vole ses créanciers, ou fasse d'autres friponneries, n'est-il pas toujours sûr de l'impunité? Les coups de bâton qu'il distribue, les violences qu'il commet, les meurtres mêmes & les assassinats dont il se rend coupable, ne sont-ce pas des affaires qu'on assoupit, & dont au bout de six mois il n'est plus question? Que ce même homme soit volé, toute la police est aussitôt en mouvement, & malheur aux innocents qu'il soupçonne. Passe-t-il dans un lieu dangereux? voilà les escortes en campagne: l'essieu de sa chaise vient-il à se rompre? tout vole à son secours: fait-on du bruit à sa porte? il dit un mot, & tout se tait: la foule l'incommode-t-elle? il fait un signe, & tout se range: un chartier se trouve-t-il sur son passage? ses gens sont prets à l'assommer, & cinquante honnêtes piétons allant à leurs affaires, seroient plutôt écrasés, qu'un faquin oisif retardé dans son équipage. Tous ces égards ne lui coûtent pas un sou; ils sont le droit de l'homme riche, & non le prix de la richesse. Que le tableau du pauvre est différent! plus l'humanité lui doit, plus la société lui refuse: toutes les portes lui sont fermées, même quand il a le droit de les faire ouvrir: & si quelque fois il obtient justice, c'est avec plus de peine qu'un autre n'obtiendroit grace; s'il y a des corvées à faire, une milice à tirer, c'est à lui qu'on donne la préférence: il porte toujours outre sa charge, celle dont son voisin plus riche a le crédit de se faire exempter: au moindre accident qui lui arrive, chacun s'éloigne de lui: si sa pauvre charette renverse, loin d'être aidé par personne, je le tiens heureux s'il évite en passant les

ava-

avanies des gens leſtes d'un jeune Duc: en un mot, toute aſſiſtance gratuite le fuit au beſoin, préciſément parcequ'il n'a pas de quoi la païer: mais je le tiens pour un homme perdu, s'il à le malheur d'avoir l'ame honnête, une fille aimable & un puiſſant voiſin.

Une autre attention non moins importante à faire, c'eſt que les pertes des pauvres ſont beaucoup moins réparables que celles du riche, & que la difficulté d'acquérir croît toujours en raiſon du beſoin. On ne fait rien avec rien; cela eſt vrai dans les affaires comme en phyſique: l'argent eſt la ſémence de l'argent, & la premiere piſtole eſt quelque fois plus difficile à gagner que le ſecond million. Il y a plus encore; c'eſt que tout ce que le pauvre paye, eſt à jamais perdu pour lui, & reſte ou revient dans les mains du riche; & comme c'eſt aux ſeuls hommes qui ont part au gouvernement, ou à ceux qui en approchent, que paſſe tôt ou tard le produit des impôts, ils ont, même en païant leur contingent, un intérêt ſenſible à les augmenter.

Si l'on combine avec ſoin toutes ces choſes, on trouvera que pour ré-

par-

partir les taxes d'une manière équitable & vraiement proportionnelle, l'imposition n'en doit pas être faite seulement en raison des biens des contribuables, mais en raison composée de la différence de leurs conditions & du superflu de leurs biens: opération très-importante & très-difficile que font tous les jours des multitudes de commis, honnêtes gens & qui savent l'arithmétique; mais dont les *Platon* & les *Montesquieu* n'eussent osé se charger qu'en tremblant & en demandant au ciel des lumières & de l'intégrité.

Un autre inconvénient de la taxe personnelle, c'est de se faire trop sentir, & d'être levée avec trop de dureté, ce qui n'empêche pas qu'elle ne soit sujette à beaucoup de nonvaleurs: parcequ'il est plus aisé de dérober au rôle & aux poursuites sa tête, que ses possessions. „

De ces deux tableaux des avantages du riche & des désavantages du pauvre dans l'ordre actuel de la société, on doit conclure que la capitation, ou taxe personnelle, ne peut être autorisée que par la nécessité de diviser l'impôt en autant de branches qu'il est possible,

pour

pour le rendre moins sensible; que si on ne peut rejetter tout-à-fait cette branche de l'impôt, elle ne sauroit etre trop modérée ; & qu'enfin si on l'étend sur les cultivateurs & sur les ouvriers des manufactures, cette taxe est alors nécessairement destructive de la source de l'impôt. Il n'en sera pas de même, si on la borne aux sujets riches, aux artisans, au peuple des villes: alors les riches porteront seuls le poids de cette taxe, parceque le peuple qui n'a de subsistance que dans leurs dépenses, enchèrira tout en proportion de sa taxe personnelle. A plus forte raison l'on ne sauroit réduire tous les impôts à une taxe personnelle, qui pour répondre à l'étendue des besoins, absorberoit plus de moitié du revenu des sujets riches, & surement chez la plûpart beaucoup au-delà de leur superflu.

On doit conclure encore qu'un vintième, ou un dixième du revenu du riche, des droits sur les consommations dans les villes qui ne sont pas le domicile des manufactures, surtout sur les consommations du luxe, sont les branches de l'impôt les plus justes, & qui s'imposent avec le moins d'inégalité;

égalité ; & les seules qui n'attaquent point la racine des fruits, la source de l'impôt, si l'on évite l'excès qui feroit trop resserrer les consommations des riches (*a*).

§. II. Du Domaine du Souverain.

„ Il étoit aisé que la Maltote romaine, dit M. de Montesquieu, tombât d'elle-même dans la Monarchie des francs : c'étoit un art très-compliqué, & qui n'entroit ni dans les idées ni dans le plan de ces peuples simples. Si les Tartares inondoient aujourd'hui l'Europe, il faudroit bien des affaires pour leur faire entendre ce que c'est qu'un financier parmi nous „.

Après la destruction de l'empire d'Occident, les Souverains de l'Europe ignorerent pendant plusieurs siécles l'usage des impôts. Les revenus des Rois consistoient alors dans leurs domaines : & la bonne administration de leurs domaines constituoit leur principale richesse. C'est sans dou-

(*a*) Que quelques citoyens ne païent pas assez, le mal n'est pas grand ; leur aisance revient toujours au public : que quelques particuliers païent trop, leur ruine se tourne contre le public. M. de *Montesquieu.*

doute par cette raiſon que Charles-Magne avoit donné à cette adminiſtration une attention ſi ſinguliére, qu'elle a mérité d'être obſervée par M. de Montesquieu. „Il fit valoir, dit-il, ſes domaines avec ſageſſe, avec attention, avec économie; un pére de famille pourroit (*a*) apprendre dans ſes loix à gouverner ſa maiſon. On voit dans ſes Capitulaires la ſource pure & ſacrée d'où il tira ſes richeſſes. Il ordonnoit (*b*) qu'on vendît les œufs des baſſes-cours de ſes domaines, & les herbes inutiles de ſes jardins; & il avoit diſtribué toutes les richeſſes des Lombards & les immenſes tréſors de ces Huns qui avoient dépouillé l'univers „.

Cette économie ne fut pas toujours imitée par ſes ſucceſſeurs; comme on le voit dans le Capitulaire de l'année 858., art. 14., dans lequel on lit que les évêques écrivant à Louis,

(*a*) Voyez le Capitulaire de Willis de l'an 813, art. 6 & 19. & le livre V des Capitulaires, art. 303.

(*b*) Capitulaire de Willis, art. 39. voyez tout ce Capitulaire, qui eſt un chef d'œuvre de prudence, de bonne adminiſtration de d'économie.

Louis, frére de Charles le Chauve, lui disoient: „ Ayez soin de vos terres, afinque vous ne soyez pas obligé de voyager sans cesse par les maisons des ecclésiastiques & de fatiguer leurs serfs par des voitures. Faites ensorte que vous ayez de quoi vivre & recevoir des Ambassades „.

Si dans les tems où les domaines des Rois étoient le seul fonds de leurs revenus, on les administroit si mal qu'ils manquoient quelque fois du nécessaire, quelle devoit être l'administration des domaines royaux, lorsque les Rois devinrent riches presque à leur gré, & pour ainsi dire, dans un moment, par des impôts arbitraires? Leurs domaines n'attirerent plus leur attention. Ils furent abandonnés à une administration obscure, & livrés à une espéce de brigandage.

En Angleterre les domaines de la couronne furent engagés & le sont encore. On a quelque fois proposé le retrait de ces domaines, comme une ressource pour les finances: & cette ressource toujours rejettée, les do-

domaines font reftés engagés à un prix vil.

La couronne de France a une grande étendue de domaines, tous engagés autrefois à vil prix. On ne doit jamais s'attendre à trouver dans le prix de l'engagement d'une terre, le prix de la terre ; & indépendamment de la perte fur la valeur réelle des terres, qui réfulte de l'engagement, il en réfulte une bien plus grande pour la couronne, de l'abondance du numéraire qui a tout enchéri, & de la valeur nouvelle que l'induftrie & le commerce ont donnée à toutes les terres. On a fenti en France, comme en Angleterre, la léfion énorme réfultant de ces anciens engagemens. On les a tous rappellés, & l'on a adjugé ces mêmes domaines à l'enchére, à de nouveaux engagiftes, à la charge d'une rente annuelle & du rembourfement de l'ancien engagifte. On a ainfi donné une valeur nouvelle pour la couronne à fes domaines qui n'en avoient presque plus aucune. Cette opération étoit fans doute la meilleure que la fituation actuelle des finances permettoit de faire.

Dans d'autres Monarchies où les domaines du Souverain sont riches & d'une grande étendue, ces domaines sont compris dans l'administration des finances ; & presque partout cultivés par des corvées sous la direction de quelques officiers sur les lieux. Si l'on examinoit la valeur de ces terres & leur produit dans la caisse de l'Etat, on les trouveroit peut-être toutes très-mal cultivées; & peut-être trouveroit-on encore une grande partie de leur produit en cet état absorbée par des faux frais ou des infidélités. Ce seroit une opération très-avantageuse pour les finances & pour l'Etat, que celle qui introduiroit dans l'administration des terres du domaine de la couronne, l'esprit de propriété. Cet esprit de propriété est le premier encouragement à donner à la culture des terres. Ici l'on ne peut donner cet encouragement par des aliénations à titre de vente. La vente des terres du domaine seroit contraire à l'intérêt des peuples. Il en résulteroit pour les finances un secours momentané, & incessamment la nécessité d'un nouvel impôt ou d'un droit additionel ſur les peuples pour remplacer le vuide qui ſe trouveroit bientôt dans les finances par la ceſſation du revenu des terres du domaine. Cet intérêt des peuples devroit être le ſeul principe qui juſtifie la maxime qui veut que le domaine de la couronne ſoit impreſcriptible, qui rejette toute poſſeſſion, même la centenaire.

L'on ne peut ſoûmettre la culture des terres du domaine à l'eſprit de propriété que par un bail à ferme, & par un bail de vingt années au moins. Par un bail à ferme le Souverain imiteroit autant qu'il eſt poſſible aujourd'hui, l'économie de Charle Magne. Ce ſeroit ordonner, comme faiſoit cet Empereur : *qu'on vende les oeufs des baſſes-cours de ſes terres & les herbes inutiles de ſes jardins ;* ſi le bail étoit à longues années. Cette vente ſe trouveroit dans le montant du prix du bail, parcequ'un fermier, qui met tout à profit, donne un prix proportionné à une induſtrie qu'il a, & que le grand propriétaire ne ſauroit avoir. Les améliorations qu'il peut faire, augmentent encore le prix de son bail, & il sera de grandes améliorations, s'il y est encouragé par un bail de 20 ou 30 ans, qui lui assure une longue jouissance des fruits de son travail.

L'illustre citoyen de Geneve regarde le domaine du Souverain comme le plus honnête & le plus sûr de tous les moïens de pourvoir aux besoins de l'Etat. Il est fâcheux que ce soit aujourd'hui l'un des plus foibles des moïens que le ministére peut emploïer. Les progrès énormes qu'on a laissé faire aux besoins publics dans tous les Etats, ne permettent de considérer aujourd'hui le domaine du Souverain, que comme la source d'une branche de ses revenus à mettre en valeur, & qui est presque partout susceptible d'une grande amélioration, ressource cependant très-bornée.

§. 12. Des douanes & du tarif.

Les douanes sont une branche des plus importantes des revenus de l'Etat. La loi des douanes sous la dénomination de tarif, se divise en une infinité de loix particulieres qui toutes ont des objets singuliers dans un grand détail. Cette loi qui ne devroit être qu'utile, qui en protégeant

geant un revenu légitime, devroit protéger en même tems de mille maniéres l'agriculture, l'induſtrie & le commerce, porte ſouvent dans une Monarchie la deſtruction de la ſource de ſes richeſſes.

Le tarif doit avoir eſſentiellement pour objet de favoriſer, d'encourager l'agriculture, les manufactures, généralement toute l'induſtrie nationale & le commerce. Il eſt très-difficile de faire une loi générale univerſellement ſage & utile ſur une matiére d'une ſi vaſte étendue chez les grandes nations; parce qu'indépendamment des beſoins de la finance qui demande impérieuſement des droits ſur le commerce, des droits d'entrée & de ſortie en général ſur toutes les matiéres brutes & manufacturées, les progrès ou même la conſervation de l'agriculture, des manufactures & du commerce, exigent des prohibitions ou des impoſitions de droits qui en tiennent lieu, ſoit à l'entrée; ſoit à la ſortie d'une infinité de différens articles de denrées, de matiéres brutes ou miſes en œuvre.

Le tarif doit favoriſer l'entrée de toutes les matières premieres des manufactures nationnales; gêner la ſortie de celles du cru, & l'entrée des marchandiſes des manufactures étrangéres dont la concurrence peut être nuiſible. Cette loi doit faciliter autant qu'il eſt poſſible la ſortie des denrées du cru que les manufactures ne peuvent emploïer, & même quelque fois la ſortie des productions, qu'on ne peut gêner ſans en avilir trop le prix, & ſans décourager l'agriculture. Ce ſeroit par exemple une loi très-nuiſible, que celle qui gêneroit la ſortie des vins, des eaux de vie, des laines, des ſalaiſons de toute ſorte, des ſuifs & des cuirs d'une nation qui a de grands pâturages. Ce ſeroit un moïen preſque ſûr de lui faire perdre des productioos d'une grande richeſſe & des branches de commerce des plus précieuſes. C'eſt une maxime certaine que l'aviliſſement des prix des productions naturelles eſt un découragement de l'agriculture, qui détruit infailliblement l'abondance; enſorte que pour procurer un foible avantage aux manufactures, on détruit bientôt la ſource même de leur richeſſe.

(*a*) „ Il femble qu'on ne devroit jamais perdre de vue dans la loi des *tarifs* ce principe, que pour rendre une branche de commerce floriffante, il faut la rendre utile à l'étranger; car c'eft lui qui lui donne toute fa valeur, & il ne fauroit être porté à la lui donner que par fon propre intérêt. On doit encore moins perdre de vue ce principe de la fociété générale, qui eft que toutes les nations font liées entr'elles par des befoins refpectifs; & toutes les fois qu'une nation voudra donner un ordre à fon commerce par des loix prohibitives & par des tarifs qui donneront atteinte à ce principe, elle agira contre fon objet; elle détruira au lieu d'édifier, en donnant atteinte à la bafe de la fociété générale.

C'eft un très-bon règlement pour le progrès des manufactures, que celui qui exempte de droits d'entrée les matières premieres, de quelque païs qu'elles viennent. La même exemption des droits de fortie devroit s'étendre fur les marchandifes, foit qu'elles foient manufacturées de

(*a*) *Les intérêts des nations de l'Europe dévelopés relvtivement au commerce.*

matières premieres de l'étranger ou du cru du pais. Cette derniere exemption n'est point aussi générale qu'elle devroit l'être. On pourroit citer une infinité d'articles chargés de droits de sortie dans plusieurs Etats, sur lesquels on devroit plutôt accorder un encouragement à la sortie, que d'entretenir des droits qui la gênent & resserrent l'exportation. En travaillant à la confection d'un tarif, on ne sauroit donner trop d'attention à l'industrie nationnale & à celle des autres nations. Chaque nation doit craindre la rivalité des nations voisines. Les arts introduits presque partout, l'industrie faisant aujourd'hui chez la plûpart des nations les plus grands efforts; il est impossible de former un tarif qui soit une loi généralement permanente & invariable. La concurrence qui naît & renaît sans cesse dans les différents marchés de l'Europe, doit donner lieu nécessairement à de fréquents changemens dans les tarifs. Le point capital auquel on doit en conséquence s'appliquer dans l'administration du commerce, est de produire au dehors les denrées & les fruits de l'industrie au plus bas prix qu'il est possi-

possible, pour obtenir les avantages de la concurrence. Sur ces principes incontestables, combien d'articles chargés de droits de sortie par les anciens tarifs, ne faut-il pas exempter entiérement aujourd'hui, si on veut soutenir l'industrie nationnale!

La loi du tarif ne doit point étendre son empire dans l'intérieur de la Monarchie. L'établissement de la liberté de la circulation des denrées & des marchandises dans l'intérieur d'un Etat, l'exemption de tous droits d'entrée & de sortie d'une province à l'autre, sur les rivières & sur les grands chemins, l'entière liberté des voitures publiques, sont l'un des plus grands avantages qu'on puisse procurer à l'agriculture, à l'industrie & au commerce. Si il n'est pas possible de supprimer la branche de finance que produisent les droits d'entrée & de sortie, & en même tems celle des droits sur les consommations, il faut que l'une porte la diminution que l'intérêt du commerce exige qu'on fasse sur l'autre: c'est cet intérêt qui doit être balancé & qui doit décider la préférence.

La consommation intérieure des productions nationales est forcée. Si elle diminue par l'introduction des productions étrangères, on a des moïens doux & paisibles pour arrêter ce mal. On n'a qu'à donner aux productions étrangéres une valeur supérieure par des droits d'entrée. La cherté fait alors préférer les productions nationales.

La consommation chez l'étranger, qui est l'agent le plus puissant pour animer l'agriculture, l'industrie & le commerce de l'Etat, est presqu'entiérement libre. Car il y a peu d'articles dont l'étranger ne puisse se passer. C'est sur cette consommation que le législateur doit avoir sans cesse les yeux ouverts. Il doit en connoître tous les ressorts & les moïens de les tenir toujours en activité. Il faut séduire les étrangers par les attraits du luxe, de la nouveauté, du goût, de la mode; par toutes les perfections de l'art, par la bonté & la bonne qualité des denrées, & ajouter encore à tous ces avantages, celui du bon marché. La nation commerçante doit donc observer continuellement la marche, tous les mouvemens des nations rivales, &

les

les suivre dans les changemens à faire à son tarif, qu'exigent toutes les revolutions qui sont fréquentes aujourd'hui dans le commerce, mais qui ne sont pas toutes également sensibles à qui ne fait pas observer les progrès de l'industrie de toutes les nations.

On doit donc rejetter autant qu'il est possible sur les consommations intérieures les besoins de la finance, & ne jamais surcharger la sortie des denrées & des marchandises d'aucuns droits qui puissent leur faire perdre les avantages de la concurrence, ou ralentir la traite des étrangers, dont la consommation est l'agent, qui anime le plus l'agriculture, l'industrie & le commerce d'une Monarchie.

C'est l'étranger, dit-on, qui paie les droits de sortie; & par conséquent une partie des charges de l'Etat. Sur ce principe on ne voit que l'intérêt de la finance en imposant des droits de sortie, & l'on ne voit qu'un faux intérêt auquel on sacrifie le véritable intérêt de la finance, qui consiste dans la richesse de sa source.

Ce n'est point en achetant chérement que l'étranger paie les charges de l'Etat où il se pourvoit, mais en y mul-

multipliant ses achats; & c'est le bon marché, c'est la liberté de la sortie qui les lui fait multiplier. Il en est des droits de sortie, comme des frais de transport dans l'intérieur; ils sont également à la charge des propriétaires des marchandises; le prix est toujours le même à l'égard de l'étranger. Ce n'est pas non plus la consommation intérieure qui enrichit le cultivateur & le sujet industrieux; qui les anime & les multiplie le plus: c'est la vente des fruits de leur travail à l'étranger, c'est la grande consommation extérieure qui établit la richesse & l'abondance dans l'intérieur. On doit donc rejetter du tarif toute idée de droits ou d'augmentation de droits, qui donneroit quelque atteinte à cette consommation.

On a souvent mis en question, si dans l'administration des finances on devoit préférer la régie à la ferme.

On doit se décider sans difficulté pour la régie, dans les Etats où la ferme est depuis long-tems en usage; dans les Etats, où par l'usage de la ferme le ministère trouve dans la régie des fermiers, dans l'ordre de leur comptabilité personnelle, de leurs écricritures, de leurs caisses, de leurs recettes particulieres, de leur recette générale, de leur direction, de leur inspection; dans leur vigilance à la conservation, & à la perception des droits, en un mot dans tous les détails de leur économie, un modéle à suivre pour le compte du Souverain, & en même tems le nombre suffisant de sujets capables de continuer avec la même exactitude, les mêmes fonctions dans la régie substituée à la ferme. Dans ce cas la régie doit être préférée; parcequ'elle diminue les frais de la perception de l'impôt, qui constituent les bénéfices des fermiers, & ne laisse plus subsister dans cette partie de l'administration des finances, que les frais indispensablement nécessaires.

Mais dans un Etat, où l'on n'a jamais fait usage des fermes; ou si on en a fait usage, l'on n'a eu que de mauvais fermiers, il n'est pas douteux que la ferme est, pour un tems limité, préférable à la régie.

Les raisons de cette préférence à donner, sont extrêmement sensibles.

Il faut exclure de cette question, les impôts fixes, c'est-à-dire, ceux qui

qui ne dépendent pas des variations du commerce, de l'industrie & des consommations, & qui ne sont point susceptibles de fraude, ou le sont fort peu : tels que l'impôt territorial, sur les rentes, sur les personnes, &c.

On ne doit comprendre dans la ferme, que les droits qui demandent des gardes, une vigilance continuelle, des précautions infinies contre la fraude, & qui sont susceptibles de grandes améliorations, tels que le tabac, le sel, les boissons, tous les droits sur les consommations, les douanes, &c.

Toutes ces différentes branches de la finance demandent des soins dans un grand détail, & l'établissement d'un ordre d'administration sur des principes qui, en en assurant l'entier recouvrement, en écartent en même tems tous les frais inutiles. Un ministre habile peut connoître les abus, peut prendre de grandes précautions : mais peut-il connoître à fonds toute l'étendue des produits possibles? Il ne peut parvenir à la certitude par lui même; & il ne sauroit compter sur l'intelligence, le zèle & l'exactitude, ou la fidélité d'un monde d'emploïés,

qui

qui ne font excités par aucun intérêt personnel.

„ La régie, dit M. de Montesquieu, est l'administration d'un bon pére de famille, qui leve lui-même avec économie & avec ordre ses revenus. „

Les avantages, qui en résultent pour le Souverain & pour l'Etat, sont incontestables; lorsque le Souverain connoît ou peut connoître exactement toute l'étendue de ses revenus, & tous les details de l'économie qu'exige la perception; & lorsqu'en même tems il est assuré de l'intelligence nécessaire & de la fidélité des sujets qui doivent y être emploïés. Mais si ces secours lui manquent, il doit les acquérir, & il ne sauroit les acquérir que par une ferme; & ces secours manquent absolument dans tout grand Etat surtout où les droits dont il s'agit n'ont jamais été donnés en ferme, ou n'ont été confiés qu'à des fermiers incapables. C'est dans ce cas que M. de Montesquieu décide pour la ferme.

„ J'avoue, dit-il, qu'il est quelque fois utile de commencer par donner à ferme un droit nouvellement établi: il y a un art & des in-

inventions pour prévenir les fraudes, que l'intérêt des fermiers leur suggére, & que les régisseurs n'auroient sû imaginer : or le systême étant une fois fait par le fermier, on peut avec succès établir la régie. En Angletterre l'administration de l'accise & du revenu des postes, telle qu'elle est aujourd'hui, a été empruntée des fermiers.,,

Or tous les droits incertains, quoiqu'anciennement établis, qui n'ont jamais été donnés à ferme, ou qui ont été confiés à des fermiers peu intelligens, sont dans le même cas, qu'un *droit nouveau*. On doit attendre d'une ferme & de l'intérêt personnel des fermiers, les vrais principes, le vrai systême d'en faire la levée ; systême, qu'il est impossible d'obtenir des régisseurs, parceque leurs soins sont toujours bornés, & leurs connoissances très limitées par le défaut d'intérêt personel.

C'est sur ces motifs qu'on doit donner à ferme à une compagnie solide de fermiers intelligens pour 6 ou 8 années le tabac, les droits sur les consommations, les douanes, &c. pour le prix constaté par les états de produit.

Cette

Cette compagnie doit s'obliger de remettre à la fin de son bail, son plan d'administration, d'ordre & d'économie, ainsique tous les états de produit.

Elle doit avoir la liberté d'établir des manufactures de tabac où elle le juge le plus convenable à l'intérêt de la ferme, & d'en diminuer le prix suivant les différentes qualités; d'établir aussi les recettes des droits sur les consommations, là où l'intérêt de la ferme l'exige, & la recette des droits de douanes aux frontières extrêmes. Le dessein de cette compagnie, si elle est bien choisie, sera, en s'occupant de son intérêt, de procurer en même tems celui des finances de l'Etat. Elle voudra avoir l'honneur de remettre à l'expiration de son bail, les droits sur le tabac, sur les consommations, les douanes, &c. dans l'état d'une grande amélioration.

Les fermiers gagneront, & ils doivent gagner; mais leurs bénéfices ne consisteront que dans une partie des pertes que l'Etat fait tous les ans, & il résultera de ces mêmes bénéfices qu'à l'expiration de leur bail, les produits des branches de finance affermés seront considérablement augmentés, & qu'il ſera facile de perpétuer cette amélioration par le ſyſtême d'adminiſtration qu'ils auront établi, & par le nombre ſuffiſant de bons ſujets qu'ils auront formés: ces fermiers mêmes, ou pluſieurs d'entre eux, peuvent être enſuite d'excellens adminiſtrateurs, animés par des diſtinctions & par l'honneur de bien ſervir l'Etat. Ce ſera alors que le Souverain connoîtra tous les produits poſſibles de ſes finances, les vrais moïens de les conſerver, & que la régie ſera préférable à la ferme. Ce ſera alors que la régie pourra être l'adminiſtration d'un bon pére de famille, qui leve lui-même avec ordre & avec économie ſes revenus.

§. 13. Des traités de commerce.

Nos nations Européennes connoiſſent trop-bien leurs intérêts, pour qu'aucune d'elles puiſſe eſpérer aujourd'hui d'étendre ſes conſommations au dehors par des traités de commerce, dont tout l'avantage ſoit pour elle ſeule, tels qu'étoient d'anciens traités de l'Angleterre avec le Portugal, & de la Hollande avec la France. Nos nations ſont trop éclairées aujourd'hui ſur les intérêts de commerce pour accorder de ſembla-

bies

bles traités. La faveur de la réciprocité peut être chez elles le seul fondement des avantages à donner à une autre nation. Les plus habiles négociateurs de nos jours échoueroient, s'ils entreprenoient d'obtenir des faveurs d'une nation sans lui accorder un équivalent chez la leur. On ne doit donc entreprendre de former des traités de commerce, que sur des intérêts respectifs. Tel seroit par exemple un traité de commerce par lequel la France s'engageroit à n'imposer aucuns droits d'entrée dans ses ports de mer sur les tabacs & les salaisons de Hongrie; & dans lequel la maison d'Autriche s'engageroit de son côté à n'imposer sur les mêmes denrées aucun droit de sortie. Ce traité seroit réspectivement d'une utilité évidente pour les deux Monarchies. La Hongrie pourroit approvisionner la France de tabacs, de suif, de cuirs & de salaisons, d'aussi bonnes qualités & à plus bas prix, que les tabacs, le suif, les cuirs & les salaisons d'Angleterre; car on peut se procurer en Hongrie une abondance infinie de tabac égal à celui de la Virginie, & des salaisons supérieures à celles d'Irlande; & la consommation de la France est un debouché très-precieux. A l'égard de la France elle trouveroit un grand intéret à préférer dans les achats de ces denrées qui montent tous les ans de 12 à 15 millions de liv. tourn. une nation amie à une nation rivale, indépendamment du meilleur marché qui la porteroit naturellement à tirer de préférence toutes ces denrées de la Hongrie. Les traités de commerce doivent être justes, puisqu'ils ne peuvent être dictés que par l'équité, c'est-à-dire par l'intérêt réspectif & les besoins mutuels. „ Deux nations qui négocient ensemble, dit M. de Montesquieu, se rendent réciproquement dépendantes. Si l'une a intérêt d'acheter, l'autre a intérêt de vendre, & toutes les unions sont fondées sur des besoins mutuels.

La science du ministre des finances se bornera à donner au commerce des avantages semblables, par des traités de commerce, qui peuvent se former par une négociation paisible. Il n'en est pas de même des traités de commerce qui accompagnent les trai-

tés.

tés de paix. Comme ils sont dictés à titre de conditions de la paix; ils sont dictés par la supériorité des armes, sans égard à la réciprocité des avantages. Presque toujours, ces traités de commerce sont un contract injuste, légitimé par la seule nécessité de la paix. Les maximes des *Grotius* & des *Puffendorf* ne sont ici qu'une théorie inutile; c'est toujours la supériorité des forces qui en dicte les conditions. „ Ce fut la victoire qui décida s'il falloit dire la foi punique ou la foi romaine „ dit M. de Montesquieu. Ce fut cette supériorité qui dicta le traité qui finit la premiere guerre punique, par lequel les Carthaginois conserverent l'empire de la mer. Ce fut cette supériorité qui donna à *Hannon* la hardiesse de déclarer aux Romains dans la négociation, qu'il ne souffriroit pas seulement qu'ils se lavassent les mains dans les mers de Sicile. C'est par cette supériorité que de nos jours l'Angleterre s'est fait céder dans les derniers traités, l'empire de la mer.

§. 14. De la p pulatio

N'est-ce pas une erreur sensible, que de croire que la grande population des villes, surtout des Capitales, le luxe, le célibat, les colonies, la navigation, le grand nombre de domestiques, sont les causes de la dépopulation; & peut-on par des loix somptuaires sur tous ces objets arrêter le dépérissement de la population? On peut corriger tous ces prétendus excès sans enrichir la population: & tous ces excès peuvent exister, non seulement sans que la population dépérisse, mais même sans arrêter ses progrés, si l'agriculture, l'industrie & le commerce qui sont les vraies & les seules sources d'une grande population, jouissent de la liberté & de la protection qui leur sont nécessaires, si les cultivateurs vivent dans l'aisance, car c'est cette classe des habitans d'un Etat, qui est la premiere source de sa population & de sa richesse. Il est démontré qu'un païs où l'agriculture, animée & soutenue par les consommations que le commerce & les arts lui procurent, est dans un état florissant, doit avoir un plus grand nombre d'habitans; parceque plus il y a de moyens de subsistance, plus il y a de ressources pour la conservation de l'espece; plus l'espece prospére.

A peine voit-on quelques milliers de ſauvages errans dans l'Amérique ſur des terreins immenſes & fertiles, où des millions d'Européens vivroient dans l'aiſance.

Il n'y a point pour une nation de pire diſette que celle des hommes. C'eſt la premiere & la plus importante maxime du Miniſtre des finances. Si la population dépérit, ou ſi elle n'eſt point en proportion de l'étendue & de la richeſſe naturelle du territoire de la Monarchie, il en trouve la cauſe dans l'excès des impôts, ou dans quelques branches des charges publiques, qui arrêtent les progrès de l'agriculture, ou la détruiſent; ou dans le défaut de conſommations, qui rend l'abondance des productions inutile & quelque fois onéreuſe. Le Miniſtre de la finance ne connoît point d'autre cauſe productive d'une population nombreuſe, que l'agriculture, ſoutenue dans un état floriſſant par l'induſtrie & le commerce. Il ſoulage les cultivateurs, il anime l'agriculture en donnant à ſes agens, l'induſtrie & le commerce, toute l'activité qui leur eſt néceſſaire pour étendre les conſommations à l'infini. Tous les réglemens de finance qui produiront cet effet, rendront la population florissante, & par conséquent la source des revenus de l'Etat infiniment riche.

Les propriétés des biens & des personnes, la modération des impôts sur les cultivateurs, la liberté légitime que demandent l'industrie & le commerce, sont les vrais principes & les vrais soutiens de la population. On a loué beaucoup avec raison une ordonnance du ministére de Colbert, par laquelle les mariages dans les campagnes furent encouragés par une exemption de taille pendant cinq années, pour ceux qui s'établiroient à l'âge de vingt ans, & qui exemptoit en même tems pour toute sa vie tout pére de famille qui avoit dix enfans, parce-qu'il donnoit plus à l'Etat par le travail de ses enfans, qu'il n'eût pu donner en païant la taille. Ce réglement, dit M. Voltaire, auroit du être à jamais sans atteinte (*a*). Cette loi cependant est plus respectable par son objet, que par les effets qu'el-

(*a*) Essai sur l'histoire universelle.

elle pourroit produire. Que pourroit-on attendre de cette loi & de loix ſemblables dans une grande Monarchie, lorsqu'un impôt exceſſif dévore les fruits du travail des cultivateurs, leur enleve une partie de leur ſubſiſtance, & détruit chez eux le germe de la réproduction ? Les cultivateurs périſſent, livrent leurs femmes & leurs enfans à la mendicité, ou ils vont chercher du travail & des ſubſiſtances dans une terre étrangére. Obſervez que toutes les claſſes des ſujets de l'Etat ſe recrutent aux dépens de celle des cultivateurs, que-celle ci ne peut ſe ſoutenir que par les forces de ſon propre fonds; car tout ce qui a une fois abandonné les travaux de l'agriculture, n'y retourne jamais; & que c'eſt cependant dans les mains, dans les travaux de cette claſſe d'hommes, que ſe trouve la ſource des richeſſes de l'Etat, la ſource de toute richeſſe publique & particuliere. Les peines, les défenſes de ſortir du territoire de l'Etat, ni les loix qui accordent des prix aux mariages dans de certains cas & au nombre des enfans, ne ſauroient arrêter ni le dépériſſement, ni la déſertion. Les loix directes pour encourager la population, ne ſont qu'une reſſource inutile. Elles annoncent un vice dans le gouvernement ou dans l'administration, ſans remédier au mal, qui en eſt la ſuite néceſſaire.

(*a*) Un politique anglois fait ce reproche à ſa nation, qu'on pourroit appliquer à presque toutes les nations qui paroiſſent les plus riches: „ tous ces aziles, dit-il, ouverts aux malheureux & aux indigens, ne ſont qu'autant d'indices d'une conſtitution en déſordre. La difficulté générale de vivre, & la difficulté plus grande encore de ſe conformer aux uſages régnans, rendent la condition des dernieres claſſes du peuple déseſpérée, & ôtent toute reſſource à l'indigence. Ces points de vue affligeans détournent notre jeuneſſe du mariage, & la portent à chercher ailleurs que dans ſes liens les moïens de ſatisfaire ſes déſirs. Delà cette quantité innombrable d'enfans ſacrifiés, non à la cruauté dénaturée de leurs parens, mais à la hon-

(*a*) Voxez les intérêts des nations, &c.

honte & à la néceſſité; delà encore ces troupeaux de jeunes femmes abandonnées qui infectent nos villes, & cherchent leur ſubſiſtance dans un déréglement affreux, qui n'étoit dans ſon origine, qu'un écart occaſionné par la force des paſſions naturelles. Lorsque je compare, ajoute cet écrivain, ces maux aux remédes, au lieu d'admirer les édifices ſemptueux de nos hôpitaux, & d'exalter la bienfaiſance de ceux qui les ont fondés, je ne puis que déplorer la triſte ſituation de mon païs dont les calamités ne trouvent qu'un ſoulagement très-imparfait dans l'inſtitution de tant de maiſons de charité „.

Il y a peu d'exemples d'une bonne adminiſtration de ces fondations charitables. Dans la plûpart on n'a point ſu jusqu'à préſent faire travailler les pauvres: tout l'art des adminiſtrateurs s'eſt borné à les enfermer & à les faire mourir de faim. Mais quelle que ſoit l'adminiſtration de ces aziles publics de l'indigence; plus ils ſont remplis, plus on a ſous les yeux de preuves de la dépopulation de l'Etat & de ſa marche rapide vers ſa ruine. Le miniſtre de la fi-

finance regarde ces aziles comme des monumens qui l'avertissent sans cesse des soins qu'il doit prendre pour prévenir l'indigence du peuple, en portant sa premiere & sa principale attention sur les causes qui produisent les pauvres & les mendians.

Mais après que le ministre de la finance aura détruit les causes qui produisent les pauvres & les mendians, en rendant l'agriculture florissante, en donnant à l'industrie & au commerce toute l'activité possible, en donnant par l'industrie & le commerce aux consommations la plus grande étendue, ce qui est le vrai moïen d'élever l'agriculture au dégré qui produit la plus grande abondance; lorsque le ministre aura ainsi multiplié à l'infini les moïens de subsistance, on ne doit pas voir un seul mendiant dans la Monarchie, s'il met l'administration des institutions charitables sous une bonne police.

„ Un homme n'est pas pauvre, dit M. de Montesquieu, parcequ'il n'a rien, mais parcequ'il ne travaille pas. Celui qui n'a aucun bien & qui travaille, est aussi à son aise que celui qui a cent écus de revenu sans tra-

travailler. Dans les païs de commerce où beaucoup de gens n'ont que leur art, l'Etat est souvent obligé de pourvoir aux besoins des vieillards, des malades & des orphelins. Un Etat bien policé tire cette subsistance des fonds des arts mêmes; il donne aux uns les travaux dont ils sont capables; il enseigne aux autres à travailler, ce qui fait dejà un travail. Quelques aumônes que l'on donne à un homme nud dans les rues, ne remplissent pas les obligations de l'Etat, qui doit à tous les citoyens une subsistance assurée. Lorsqu'une branche d'industrie souffre, ce qui arrive souvent dans un Etat riche, les ouvriers sont alors dans une nécessité momentanée; il est de l'intérêt de l'Etat d'apporter un prompt secours „.

La Hollande à quelques établissemens fondés & dirigés sur les principes de M. de Montesquieu, principalement ses maisons des vieillards & des orphelins: l'on n'y voit aucun mendiant, si ce n'est quelques vagabonds étrangers; ce qui est l'effet de l'abondance des moïens de subsistance & d'une bonne police.

Les

Les enfans auxquels les loix refusent de reconnoître un pére, ces enfans qui sont les victimes innocentes de la misére ou de la foiblesse de ceux qui leur donnent le jour, ont fait parler dans tous les tems en leur faveur l'humanité & la réligion. Mais le sentiment que leur état excite assez généralement chez toutes les nations, n'a été accompagné presqu'en aucun endroit d'assez d'intelligence dans l'administration, pour veiller à la conservation de ces enfans autant qu'il seroit nécessaire, & leur donner l'éducation la plus convenable à l'utilité de l'Etat.

On reçoit à la maison des enfans trouvés de Paris à toute heure du jour & de la nuit les enfans qu'on y apporte, & l'on demande seulement si l'enfant a été baptisé: toute autre demande est absolument interdite. A cette loi respectable, l'administration ajouta en 1761 un réglement qui pourvoit à la conservation & à l'éducation des enfans. Les garçons sont élevés dans les campagnes pour l'agriculture, & les filles pour les manufactures. L'intérêt de l'Etat & le bien de l'humanité té voudroient que cette adminiſtration fût imitée chez toutes les autres nations (*a*).

Il eſt néceſſaire de veiller à la conſervation de la ſanté des citoyens. L'humanité & l'intérêt de l'Etat en font un devoir à tous les adminiſtrateurs. La charité, le zèle pour le bien public ont produit un nombre infini de fondations dans les villes, principalement dans les capitales: & presque partout ces fondatious pourroient être rendues plus utiles par une meilleure adminiſtration. Cependant ces fondations donnent des aziles & des ſecours aux malades. Mais on a presqu'oublié partout les peuples des campagnes. Les peuples, qu'il eſt le plus important de conſerver & d'accroître, n'ont attiré que peu on point d'attention. Leur ſobriété & leur travail leur rendent peu néceſſaires les richeſſes des pharmacies

(*a*) On a reçu pendant l'année 1771 dans la maiſon des enfans trouvés à Paris 3581 garçons & 3575 filles, en tout 7156 enfans. Si c'eſt là la preuve d'une conſtitution en déſordre, il n'en eſt pas moins certain que c'eſt une richeſſe précieuſe, qu'une bonne adminiſtration conſerve à l'Etat.

cies des villes & les connoissances recherchées des médecins. Des soins médiocres suffisent presque toujours pour retablir ou conserver la santé des cultivateurs, & un chirurgien instruit leur seroit plus utile que les plus habiles médecins. Indépendamment du manque du necessaire, l'extrême ignorance des accoucheuses des villages fait encore périr un nombre infini de jeunes femmes & d'enfans Il ne seroit pas difficile de faire cesser ces causes destructives de la population la plus intéressante, en étendant par une meilleure administration, aux campagnes une partie des richesses des fondations dont tant de villes sont remplies, en faisant contribuer à des fondations charitables dans les campagnes, le nombre infini de religieux qui vivent aux dépens des cultivateurs- Si l'on vouloit donner à ces causes destructives l'attention que l'humanité demande au gouvernement, & en calculer en même tems les effets dans l'intérêt de l'Etat, on supléeroit sans hésiter au défaut des richesses des fondations des villes pour donner ces secours à toutes les campagnes, aux dépens de l'Etat. Mais

si

si au lieu de ces secours & de répandre l'aisance chez les cultivateurs par la douceur des impôts & par une meilleure forme de l'impôt territorial, on s'en tient à la loi proposée une infinité de fois pour se débarasser des pauvres, par laquelle on veut obliger chaque paroisse de nourrir ses pauvres, tout est perdu. C'est ordonner à des villages pauvres de nourrir des pauvres: c'est ordonner à la misére de soulager la misére. C'est ordonner l'impossible.

Le citoyen de Geneve met au rang des principales causes de la ruine de l'Empire romain, l'institution des troupes reglées. „Les soldats fiers de leur avilissement, dit-il, méprisant les loix dont ils étoient protégés, & leurs fréres dont ils mangeoient le pain, se crurent plus honorés d'être les satellites de *César*, que les défenseurs de Rome; & devoués à une obéissance aveugle, tenoient par état le poignard levé sur la tête de leurs concitoyens, prets à tout égorger au premier signal.

L'invention de l'artillerie & des fortifications, ajoute-il, a forcé de nos jours les Souverains de l'Europe à rétablir l'usage des troupes reglées pour garder leurs places; mais avec des motifs plus légitimes, il est à craindre que l'effet n'en soit également funeste. Il n'en faudra pas moins dépeupler les campagnes pour former les armées & les garnisons; pour les entretenir il n'en faudra pas moins fouler les peuples; & ces dangereux établissemens s'accroissent depuis quelque tems avec une telle rapidité dans tous nos climats, qu'on n'en peut prévoir que la dépopulation prochaine de l'Europe & tôt ou tard la ruine des peuples qui l'habitent. „,

Ajoutons à cette observation, que dès qu'une puissance s'éleve par quelque événement au dessus de la place qu'elle occupe dans la balance politique, elle allarme toutes les autres, & les porte à la recherche des moïens de se donner des forces rélatives. Louis XIV aïant augmenté ses forces par le nombre des Soldats, les autres puissances pour n'en être pas accablées, furent obligées de suivre son exemple. Des armées de cent mille hommes furent substituées aux armées de vingt mille hommes.

De

De nos jours un grand Roi a ajouté de nouvelles forces à l'usage de ces grandes armées, par des connoissances profondes de toutes les parties de l'art de la guerre, & a deploïé aux yeux de l'Europe une puissance qui l'a étonnée. Les autres nations se sont efforcées de l'imiter. C'est ainsi que la nécessité de s'agrandir pour conserver une puissance rélative, ou pour se donner les moïens d'une défense légitime, autorise non seulement l'établissement & l'entretien, mais encore l'accroissement des troupes réglées. Suivant le calcul de M. de Montesquieu, un Etat ne peut entretenir plus de dix mille hommes de troupes reglées par million d'habitans, sans se dépeupler. Il n'y a donc point de nation en Europe qui puisse entretenir deux cens mille hommes de troupes reglées sans détruire sa population: car il n'y en a point dont la population monte exactement jusques à vingt millions d'habitans. On est effraïé de l'idée de deux cens mille hommes enlevés à la culture des terres d'une Monarchie, sans cesse recrutés à ses dépens. La perte de deux cens mille cultivateurs, quoique considérable, seroit peu de chose, si elle n'étoit que momentanée; ce ne seroit qu'un fléau passager, qui pourroit être reparé en peu d'années. Mais celle que fait l'Etat par le renouvellement continuel de ces deux cens mille hommes, est immense; car il faut l'évaluer à plus de deux cens mille familles tous les vingt ans. Il arrive delà que les défenseurs de la patrie détruisent sans cesse la classe des citoyens qui la nourrissent, & par conséquent la patrie même.

Cette cause de dépopulation, qui peut & qui doit même dévenir tôt ou tard si funeste, est forcée. On ne sauroit donc se donner trop de soins pour concilier la nécessite d'entretenir les moïens d'une défense légitime avec la nécessité de conserver la population, & surtout la population des péres nourriciers de l'Etat. Vous n'avez qu'un seul moïen, qui est d'accroître la population autant qu'il est possible; & vous doublerez dans une revolution de peu d'années votre population, si vos impôts sur les cultivateurs sont modérés, si vous substituez à la somme d'argent que vous leur imposez, un équivalent en fruits, & si vous leur procurez en même tems

la

la consommation des fruits de leur travail par l'activité de l'industrie & du commerce.

De ces causes destructives de la population on doit conclure, qu'il est d'une extrême importance de secourir les cultivateurs par toutes sortes de moïens praticables.

On feroit encore un bien infini à l'Etat, si l'on ajoutoit au systéme des finances la suppression totale des corvées en usage pour la construction & l'entretien des ponts & chaussées. Ne sauroit-on édifier sans détruire? ici on le doit, & on le peut même avec des avantages précieux pour l'Etat, que la raison & l'expérience auroient bien du faire connoître.

Au lieu de détruire la pepiniere de vos soldats par vos corvées sous le poids desquelles un nombre infini de familles succumbent tous les jours, pourquoi ne pas remplacer les corvées par vos soldats?

Il ne feroit pas difficile d'animer le cœur de vos soldats par une ordonnance qui en les comparant aux soldats romains, à ces braves légions qui étendirent l'empire de la patrie sur les trois parties du monde alors connues, leur mettroit sous les yeux ces restes de grandes routes qui existent encore dans différentes parties de l'Europe & dont on n'a pu jusqu'à ce jour imiter la beauté & la solidité, qui étoient l'ouvrage de leurs mains ; & leur représenteroit la plûpart des canaux de navigation de la Hollande, dont le plus beau, celui dans lequel le Rhin vient perdre son nom, a conservé le nom de *Corbulon*, Général romain qui commendoit les soldats qui le construisirent. Vos soldats sensibles à cet exemple, ne le seroient pas moins à l'honneur de rendre par leur travail autant de service à leur Souverain, que lorsqu'ils défendent ses Etats les armes à la main. On les rendroit encore facilement sensibles au plaisir de conserver par leurs ouvrages l'aisance & même la vie à un nombre infini de cultivateurs qui sont leurs concitoyens, leurs parens, leurs amis & les peres nourriciers de l'Etat.

Douze mille soldats qui travailleroient seulement six heures par jour, feroient plus d'ouvrage, que trente six mille corvées.

Indépendamment de la conservation d'un grand nombre de familles de culti-

cultivateurs, & de l'intérêt précieux de la population & de l'agriculture, les armées en deviendroient infiniment meilleures. Pourquoi ne regarderoit-on pas ce travail, comme une partie des plus importantes de la discipline militaire ? Cet exercice feroit celui qui concourroit le plus à donner à une armée en campagne une grande supériorité. Les soldats en campagne seroient infiniment plus robustes & plus sains; ils soutiendroit mieux l'intempérie des saisons, les marches, les veilles, tous les travaux, toutes les fatigues de la guerre. On ne verroit presque plus dans les hôpitaux militaires, que des soldats blessés. Quel épargne alors d'hommes & d'argent! Les fruits de cet exercice seroient bien autrement utiles & sensibles, que ceux qu'on recueille d'une partie des exercices sous les armes, qui dans une affaire ne servent presque à rien

S'il falloit pour former & animer cette institution, augmenter d'un ou deux sols par jour la paye des soldats travailleurs, ce feroit par année une dépense peut-être de quatre ou cinq cens mille livres, qui vaudroit des millions à l'Etat.

Ce feroit encore une inftitution très-avantageufe à l'Etat, que celle qui confieroit aux troupes la garde des frontieres, & aux invalides celle des villes foumifes à des droits d'entrée. Si l'on fefoit cette inftitution pour le compte d'un fermier, on ne parvoiendroit peut-être pas à rendre ce fervice utile: les foldats fe croiroient avilis & déshonnorés. Mais cette garde leur étant confiée pour le compte du Souverain, ils comprendroient aifément alors que tout fervice pour le Souverain eft honnorable; & le point d'honneur affureroit une garde vigilante & fidelle, qui d'ailleurs devroit êtte animée par les confifcations.

L'armée actuelle des gardes des fermes deviendroit inutile.

Tout au moins une grande partie de cette armée, dira-t-on, mourroit de faim. Qu'en feroit-on?

Ce feroit un mal, fi l'on veut, mais un petit mal & momentané, d'où réfulteroit un bien infini pour l'Etat, à ne confidérer que la fuppreffion feule de cette armée. Qu'on ouvre les yeux un moment: on reconnoîtra que l'armée des gardes des

droits

droits du Souverain eſt formée, entretenue & ſans ceſſe recrutée aux dépens de la population, de l'agriculture & de l'induſtrie de la nation. L'entretien de cette armée eſt depuis trop longtems la cauſe d'une perte immenſe pour l'Etat: Elle ne peut donc être trop tot ſupprimée.

Ne pourroit-on pas tirer auſſi un ſecours très-intéreſſant pour la population, de la manière de punir les crimes, par des loix qui en condamnant les criminels au travail, les forceroient de réparer autant qu'il eſt poſſible, les maux qu'ils auroient faits à la ſociété, & donneroit plus de force à l'exemple de la punition.

„ Ce qui fait que la mort d'un criminel eſt une choſe licite, dit M. de Montesquieu, c'eſt que la loi qui le punit a été faite en ſa faveur. Un meurtrier a joui de la loi qui le condamne, elle lui a conſervé la vie à tous les inſtants. „

Il eſt un autre principe également dicté par le droit naturel, qui autoriſe la mort d'un criminel, & qui ſemble être auſſi le principe qui autoriſe la plûpart de ces meurtres infinis qui ſe commettent à la guerre; ce principe eſt la néceſſité d'une défenſe légitime. L'aſſaſſin attaque la ſociété; la ſociété eſt avec lui dans la néceſſité d'une défenſe légitime, pour laquelle la ſociété n'a point & ne peut point avoir d'autres armes que le glaive de la loi.

Malgré ces principes, des hommes également ſages & éclairés, ont prétendu qu'aucune loi, qu'aucun principe ne pouvoit autoriſer la ſociété à ôter la vie à un de ſes membres; que c'étoit agir contre la loi naturelle en le privant d'un droit qu'il ne tient que de la nature ſeule; que le droit de la ſociété à l'égard de celui qui l'a offenſée, eſt borné à l'exclure de la ſociété, à lui en ôter tous les avantages, à le rejeter enfin de la ſociété, & le rendre à la nature.

La loi fondée ſur les premiers principes, aſſure autant qu'il eſt poſſible par la peine de mort & par l'exemple, le repos de la ſociéte, ſans réparer le mal fait à la ſociété: & la loi fondée ſur le ſecond principe, ſuppoſée plus conforme au droit naturel, ſeroit presque partout d'une exécution impraticable, inſuffiſante pour la ſureté publique, & ne donneroit qu'un exemple foible & presque ſans effet.

Les

Les condamnations à tems ou à perpétuité suivant la nature du délit, à des travaux publics, feroient des peines plus terribles que le banniſſement & la mort; & comme le principal objet des loix eſt de prévenir le crime par l'exemple du ſupplice, l'exemple permanent d'un ſupplice perpétuel ſous les yeux des citoyens, feroit un effet bien plus ſenſible, une impreſſion infiniment plus forte, qu'un ſuplice momentané. „ Suivons la nature qui a donné aux hommes la honte comme leur fleau, dit M. de Montesq. & que la plus grande partie de la peine ſoit l'infamie de la ſouffrir. „ On a éprouvé mille fois que la plûpart des criminels ne redoutent point la mort, lorsque le crime ne les expoſe pas à la roue ou même à mourir ſur la roue. Mais les criminels les plus intrépides redouteroient la peine d'être pour toujours à la chaine appliqués ſans ceſſe à travailler aux grands chemins, à des canaux ou à des deſſéchements. La mort feroit pour eux préférable à ce ſuplice, & cependant ce ſuplice répareroit autant qu'il eſt poſſible, le mal qu'ils auroient fait à la ſociété. Ils tiendroient

lieu,

lieu, du moins en partie, de ces corvées dont on accable presque partout les cultivateurs pour la construction ou l'entretien des grands chemins, corvées qui ont détruit un nombre infini de familles de cultivateurs, & qui en détruisent tous les jours.

On peut encore reprocher aux loix pénales, la peine du bannissement hors de l'Etat. On ne sauroit faire qu'un usage injuste de cette peine, en prononçant le jugement des criminels. On ne peut vous contester le droit d'exclure de votre société, des hommes qui ont commis des attentats, qui ont troublé le repos public. Mais l'effet du bannissement est une injustice que vous faites aux nations étrangéres; puisque vous leur envoyez des sujets, qui ne peuvent que leur être nuisibles. Si vous n'avez pas le droit de porter du préjudice aux autres nations, vous n'avez certainement pas celui de leur envoïer par la peine du bannissement, des sujets que leurs crimes ne vous permettent pas de garder chez vous. Si vous prétendiez avoir ce droit, on pourroit vous demander si vous avez celui de communiquer de dessein prémé-

dité

dité à vos voisins, des maladies épidémiques qui ravagent votre païs? Car le principe d'équité est exactement le même. Livrez donc aussi ces mêmes criminels à des travaux publics qui soient pour la peine un équivalent du bannissement, & vous favoriserez encore par-là votre population, au lieu de nuire aux nations étrangéres en rejettant chez elles vos criminels par un bannissement.

Le défaut de liberté contribue encore infiniment à la dépopulation. La liberté légitime & nécessaire pour entretenir la source de l'opulence de l'Etat, est sans cesse attaquée ou détruite de mille maniéres par l'excès des impôts ou par les corvées, ou par les deux ensemble.

„ Il est certain que le droit de propriété est le plus sacré de tous les droits des citoyens, dit M. Rousseau, & plus important à certains égards que la liberté même „.

C'est admettre que le droit de propriété peut exister sans liberté, & la liberté sans droit de propriété; ce qui est impossible.

„ La bonté des terres d'un païs, dit M. de Montesquieu, établit na-

tu-

turellement la dépendance. Les gens de la campagne qui y font la principale partie du peuple, ne sont pas si jaloux de leur liberté; ils sont trop occupés & trop pleins de leurs affaires particulieres „.

S'il ne s'agit que de cette liberté qui constitue un Etat vraiment republicain; ces assertions sontvraies. Les richesses des citoyens ramenent facilement un Etat républicain à l'Etat purement monarchique. Car dèsqu'un seul ou un petit nombre de citoyens sont parvenus à disposer de tous les emplois, ils sont bientôt les maîtres du pouvoir législatif, ils réunissent incessamment la puissance législative avec la puissance exécutrice; ils sont bientôt les monarques ou les tyrans de leur patrie. L'amour de la liberté n'a pas assez de force pour porter un assez grand nombre de citoyens à s'opposer aux progrès de la Monarchie. L'amour de la liberté républicaine le cède chez presque tous les citoyens aisés à l'amour des richesses & à la crainte de perdre leur fortune. Tout intérêt à la cause publique cesse, les intérêts personnels en prennent la place.

Il

Il s'agit ici de cette liberté, qui n'eſt point une faculté factice, comme celle du républicain, mais un droit naturel, intimement lié avec les propriétés des perſonnes & des biens, & au qnel on ne peut donner atteinte ſans attaquer la population & la détruire. „ La liberté, dit M. de Montesquieu, eſt le droit de faire tout ce que les loix permettent, & ſi un citoyen pouvoit faire ce qu'elles défendent, il n'auroit plus de liberté, parceque les autres auroient tout de même ce pouvoir „.

Si les loix ſont mauvaiſes, ou ſi le gouvernement devient despote, s'il n'eſt pas lui-même ſubordonné aux loix, il n'y a plus de liberté. Si les propriétés des biens & des perſonnes ne ſont pas aſſurées par les loix, ou ſi elles ſont incertaines, il n'y a point de liberté. Si les jugemens ſont arbitraires, ſurtout à l'égard des crimes, ſi la violence, le rapt, le vol, le meurtre, les inſultes, toute ſorte de crimes qui attaquent la ſureté publique, la fortune, l'honneur ou la vie des citoyens, ne ſont pas réprimés par de bonnes loix, il n'y a point de liberté. Ceux-mêmes,

qui

qui commettent ces crimes, ne sont pas libres, puisque tous les membres de la société peuvent les commettre comme eux. La liberté suppose de bonnes loix, une bone police & un gouvernement modéré. Telle est la liberté naturelle & légitime dont toutes les classes des sujets de l'Etat doivent jouir. Altérez cette liberté, vous découragez nécessairement l'agriculture, l'industrie & le commerce, vous diminuez les consommations, & vous détruisez infailliblement la population de la Monarchie en raison des atteintes portées à cette liberté.

On cite souvent les loix fondamentales de l'Etat, sans s'arrêter à aucune loi précise qui porte ce caractère indélébile. Presque partout on borne l'idée qu'on s'en forme à la liberté nationnale uniquement fondée sur les loix qui constituent la forme du gouvernement. Mais toutes les loix qui assurent les propriétés des personnes & des biens, celles qui assurent l'état, la fortune, l'honneur, le repos & la vie des citoyens, ne sont-elles pas aussi des loix fondamentales, non seulement

de

de l'Etat, mais de toute société quelle qu'elle soit ? Les loix qui assurent le droit de succéder, la liberté de vendre, d'achetter & de disposer de son bien par donation, par testament; les loix qui assurent l'innocence d'un citoyen accusé, & la punition des crimes, ne sont-elles pas toutes également des loix de premiere nécessité ? On ne sauroit se former une idée de prospérité pour un Etat, où l'on rendroit ces loix arbitraires. C'est à ces loix que s'applique l'édit de 1499 de Louis XII, Roi de France, qui ordonne, *qu'on suive toujours la loi malgré les ordres contraires à la loi que l'importunité pourroit arracher du Monarque*. Toutes ces loix n'ont-elles pas toutes également pour principe la loi naturelle ? N'ont-elles pas toutes également le caractére indélébile de loix fondamentales de l'Etat, aussi bien que les loix constitutives de son gouvernement; puisqu'on ne sauroit les mépriser, les oublier ou les détruire, sans détruire tous les liens de la société & par conséquant l'Etat ?

La stabilité constante de ces loix, leur exécution toujours prompte & toujours assurée à l'égard de tous les sujets de l'Etat sans exception, car tous ont un droit égal à l'exécution & à la protection de ces loix, accroissent & entretiennent la population de l'Etat, son agriculture & son commerce, en conservant cette liberté politique qui fait qu'un citoyen en sureté à l'abri des loix n'en craint pas un autre, & sans laquelle tout se confond dans un Etat & se détruit. C'étoit surtout parceque cette liberté politique n'existoit pas sous le gouvernement féodal, que ce gouvernement étoit tyrannique, oppresseur & destructif.

§. 15. Des lettres, des sciences & des arts.

L'autorité des loix les plus sages a besoin d'être secondée par l'empire de la raison & des mœurs. Les loix toutes seules peuvent faire des esclaves; mais les loix unies aux mœurs font des hommes libres & vertueux. La perfection des loix humaines est d'imiter les loix naturelles & de transformer l'obéissance des enfans en celle des sujets, l'union des fréres en celles des citoyens, l'amour de la famille en celui

lui de la patrie, l'intérêt privé en intérêt public; de serrer, en un mot, la politique par tous les liens de la nature (a) ». Mais ce n'est que de l'empire d'une raison éclairée & des mœurs des citoyens, que les loix obtiennent dans la pratique ce degré de perfection. « Dans un bon gouvernement quiconque a de bonnes mœurs, est un bon citoyen; la vie privée est une leçon continuelle pour la vie publique, & souvent la passion de la gloire se joignant à l'habitude de la vertu, l'homme vertueux devient un citoyen sublime ».

Le bon citoyen n'est jamais trompé par l'obscurité ou par le silence de la loi, parceque son ame toujours sensible à la premiere loi, au premier principe de toutes les loix positives, gravé dans son cœur par les mains de la nature, ne lui permet point de s'égarer. Son cœur est son premier législateur, & supplée également au silence & à l'impuissance de la loi.

Y 4 Le

(a) Discours de M. Servan ancien avocat général au parlement de Grenoble.

Le gouvernement ne peut décerner des peines contre des vices qui rendent les hommes insociables, ni des prix aux vertus sociales, qu'il importe cependant infiniment au bonheur d'une nation d'entretenir & d'animer sans cesse; telles sont la générosité, la candeur, le désintéressement, la bienfaisance, la décence dans les mœurs, l'exacte probité &c. La honte est un frein contre les vices que les loix ne sauroient punir, & c'est par l'honneur que le gouvernement anime & nourrit toutes les vertus sociales; c'est par le sentiment qu'il échauffe les cœurs des citoyens.

L'honneur, ce principe qui constitue la noblesse de l'ame dans tous les ordres des citoyens, ce principe heureux du gouvernement, réside principalement dans l'ordre de la noblesse. C'est ce qui la rend plus propre à remplir les différentes charges de l'Etat, que les ordres inférieurs; & l'avilir ce seroit détruire ce principe, & conduire la monarchie au despotisme & conséquemment à la destruction. Cette espèce de privilége que l'intérêt de l'Etat don-

ne

ne à cet ordre, ne doit cependant jamais exclure les talens qui se trouvent si souvent dans les ordres inférieurs. Le prince doit ennoblir les talens. Ils servent doublement l'Etat; ils instruisent les nobles, ils excitent & entretiennent parmi eux l'amour du travail & l'émulation. Mais l'avilissement de la noblesse, ou ce qui est la même chose, la destruction de l'honneur qui est un principe si heureux du gouvernement, détruit la force de la Monarchie, & la fait tomber dans la foiblesse du despotisme. Le gouvernement de modéré, devient oppresseur & conséquemment destructif de la Monarchie.

C'est aux progrès des lettres, des sciences & des arts, qu'on doit ceux de toutes les vertus sociales & de l'honneur, qui les anime, qui donnent de nouvelles forces à l'Etat. On répandroit difficilement chez le peuple les vertus sociales par la seule voye de l'instruction; mais le peuple extrêmement sensible à l'exemple, devient infailliblement plus doux & meilleur par l'exemple des vertus sociales des sujets de la Monarchie des ordres supérieurs; & des mœurs plus douces sont un des grands soutiens de la population. C'est-là l'un des grands motifs, qui portent le ministre des finances à protéger les lettres & les arts. Il sait que les sciences, les lettres & tous les arts tiennent de mille manieres à la vraie richesse de l'Etat.

Ce sont de simples particuliers, dit un anonyme, qui ont fait des progrès étonnans dans les arts, dans les sciences, dans l'art même de gouverner. Qui a mesuré la terre? Qui a découvert le systême du ciel? Qui a mis en jeu ces curieuses manufactures qui habillent les nations? Qui a écrit l'histoire naturelle? Qui a scruté les profondeurs de la chymie, de l'anatomie, de la botanique? Encore un coup, ce sont de simples particuliers.

L'anonyme a raison. Il auroit pu ajouter encore: qui a élevé, qui a perfectionné tous les arts utiles, & les arts agréables, qui répandent tant d'aménité parmi les nations, qui ont tant d'influence, & une influence si heureuse, sur les mœurs & sur la douceur du gouvernement? Qui a approfondi la connoissance du cœur

hu-

humain, qui a démasqué les vices, & rendu la vertu aimable? Qui a rendu nos ames sensibles, augmenté la force de la raison publique & étendu son empire? Ce sont de simples particuliers. Cela est aussi vrai.

Ils doivent aux yeux du sage, dit l'anonyme, éclipser ces prétendus grands, nains orgueilleux, qui ne se nourrissent que de leur propre vanité. Ce ne sont pas en effet ces Rois, ces ministres, ces gens constitués en autorité, qui sont les véritables maîtres du monde; ce sont ces hommes supérieurs „.

Ici l'anonyme a tort. Ces hommes supérieurs n'ont jamais eu des prétentions si vaines. S'ils avoient eu cette vanité, ils n'auroient pas été dignes de l'honneur d'instruire leur siecle & de rendre de si grands services à l'humanité.

„Ce n'est point aux puissans monarques, dit encore l'anonyme, ni aux princes les plus riches, ni aux gouverneurs particuliers d'une nation, que la plupart des Etats doivent leur splendeur, leur force & leur gloire „.

Le Monarque a fort encore ici. Il est vrai que la plupart des Etats doivent leur splendeur, leur force & leur gloire aux progrès des sciences & des arts utiles; & il n'est pas également vrai que les agens immédiats de ces progrès ont été souvent encouragés, animés par des Souverains, par largesses, par des princes, par des seigneurs, par des hommes puissans; & cette protection les a rendus aussi les bienfaiteurs du genre humain. Sans cette protection nous n'aurions peut-être encore que des notions grossières sur les sciences & les arts les plus utiles. Quelles institutions n'a-t-on pas faites en France aux dépens de l'Etat pour soutenir & encourager tous les talens! & avec quels soins ces institutions ne sont-elles pas entretenues par le ministre de la finance, qui est le principal dépositaire de cette protection de la part du Monarque? L'estime, espèce d'hommage qui doit être rendu dans la société aux talens, est peut-être le plus flateur & le plus nécessaire pour les encourager: car en France comme chez les autres nations

tions de l'Europe, où il y a peu de seigneurs qui croient aujourd'hui qu'on n'est rien, si on n'est pas un seigneur. C'est là l'un des grands services, rendus à l'humanité par les lettres, les sciences & les arts. En Angleterre ce n'est pas le Souverain seul qui anime, qui encourage les talens: à cet égard presque tous les seigneurs, tous les hommes puissans, tous les membres du parlement, y sont des princes ou des Rois.

Le ministre de la finance sait que les dettes publiques font naître les besoins publics; il ne voit dans ce qu'on appelle le *crédit public*, qu'une ressource artificielle, qu'une invention moderne la plus destructive, la plus malheureuse pour les peuples, que l'art de l'administration pouvoit produire. Il considere l'usage du *crédit public* comme la cause de l'excès des impôts, & de toutes les calamités que cet excès a répandues sur les peuples (a). Il rejette de son administration toute idée de richesses artificielles; cette richesse sans réalité, que l'opinion crée & qui ne se soutient que §. 16. Du crédit public.

(a) Voy. les intérêts des nations &c. & la richesse de l'Angleterre.

par l'illusion. Il voit dans cette sorte de richesse, ce double effet, la cause d'un impôt excessif, qui détruit l'agriculture & l'industrie, & une augmentation de signes qui par l'avilissement des signes réels, par la cherté de toute main d'œuvre, ne cesse de donner de nouveaux accroissemens à la destruction de l'agriculture, de l'industrie & du commerce. Il méprise les avantages ruineux de ce secours artificiel & momentané. Il sait que l'Angleterre a sû se donner avec ce secours par l'art avec lequel elle l'a emploié, une grande puissance, qui cependant n'étant élevée que sur un fondement si peu naturel, & détruisant sans cesse la base naturelle de la prospérité, ne sauroit se perpétuer, & doit nécessairement rendre un jour cette nation foible & malheureuse.

Avant l'époque des emprunts, avant la naissance de l'idée d'une richesse artificielle, l'Angleterre ne devoit rien. Le parlement faisoit lever par la voïe des impôts l'argent nécessaire pour toutes les dépenses de l'année. Quand les impôts excédoient les dépenses, l'excédent étoit emploié pour payer les dépenses de l'année suivante,

Si

Si au contraire les sommes imposées s'étoient trouvées insuffisantes, le parlement y suppléoit par une addition d'impôts l'année suivante ; ensorte que l'Etat n'étoit jamais endetté que pour une somme modique & pendant quelques mois. Ce fut peu de tems avant cette époque, que l'Angleterre commença à rendre son agriculture florissante, qu'elle donna le plus grand essor à son industrie & à son commerce. Elle donnoit alors à la puissance naturelle toute l'élevation dont elle étoit susceptible, par les voies naturelles, c'est-à-dire en donnant de grands accroissemens à la vraie source des richesses, aux productions naturelles de son territoire par l'agriculture & par l'industrie & le commerce. C'étoient les beaux jours de cette nation. Elle devenoit alors la nation dominante dans le commerce de l'Europe, parceque la main d'œuvre étoit à bas prix. Ses richesses artificielles lui ont fait perdre cet avantage, le seul qui peut constituer la prospérité nationale & une puissance réelle & durable.

Le Duc de Sully trouva l'Etat chargé de trois cents trente millions

de

de dettes, somme d'autant plus exorbitante, que les revenus de la France n'étoient alors que de trente millions, & que les intérêts étoient à dix pour cent. Ce ministre donna ses premiers soins à la libération de l'Etat, & à la suppression des impôts extraordinaires. Ce fut par la libération de l'Etat, & par la diminution des impôts, qu'il enrichit son maître & ses peuples, & qu'il donna à la France ses forces & sa splendeur naturelles.

Colbert trouva aussi l'Etat surchargé de dettes. Il suivit á l'égard des dettes de l'Etat, les mêmes principes, que le Duc de Sully, & parvint en dix années à liquider les revenus publics. En 1671 l'Etat ne devoit plus que sept millions trois cents mille livres de rente sur l'hôtel de ville, & les forces de l'Etat étoient augmentées en proportion. On le força en 1672 à ouvrir un emprunt sur l'hôtel de ville. Il dit au premier président du parlement qui avoit donné ce conseil au Roi, qu'il répondroit devant Dieu du préjudice que ce conseil causeroit un jour à l'Etat, & du mal qu'il feroit aux peuples. Ce ministre

pré-

prévoyoit alors tous les inconvéniens qui devoient naître de l'usage du crédit public. Il regardoit les emprunts comme une ressource bientôt plus onéreuse aux peuples, que l'augmentation des impôts. Il vouloit imiter la sagesse du parlement d'Angleterre, il vouloit imposer chaque année sur les peuples des sommes proportionnées aux dépenses de l'Etat, & ne s'occuper qu'à augmenter chez les peuples les sources des revenus publics, comme le seul moyen d'accroître ces revenus.

On a l'exemple d'emprunts faits par Venise, de l'argent de ses citoyens dans les tems de sa grande prospérité. La république imagina ce trait de politique pour attacher les sujets les plus riches au gouvernement, en rendant l'Etat dépositaire d'une partie de leurs fortunes. Quelle est celle de nos nations livrées au systême du crédit public, en état de justifier ses emprunts par un trait de politique si recherché?

On a publié en 1771 un traité sur *la circulation & le crédit*, contenant *une analyse raisonnée des fonds d'Angleterre, & de ce qu'on appelle commerce ou jeu d'actions*. On peut regarder ce traité comme un hommage

rendu

rendu à l'illusion, au principe le plus destructif, que le génie du gouvernement de l'Angleterre pouvoit introduire dans son systême d'administration! Qu'est-ce que c'est que ce commerce ou *jeu d'actions*, plus connu sous le nom *d'agiotage*, considéré relativement à l'intérêt général d'une nation & à sa prospérité? c'est une sorte de gageure sur la variation du prix des papiers représentans les dettes de l'Etat, dans laquelle l'un perd nécessairement ce que l'autre gagne; une source infaillible de fréquentes banqueroutes en Angleterre, espèce de fleau, qui delà se répand sur le commerce des principales places de l'Europe. C'est un commerce artificiel dont le gouvernement a créé l'objet également artificiel. Il est malheureusement nécessaire de tolérer les abus infinis de ce jeu, de cet agiotage de tems en tems si funeste, parce-qu'il aide à entretenir le crédit des papiers publics, le prestige & l'illusion de cet objet sans valeur réelle, & qui n'a d'appui que l'opinion.

Ce commerce, dit-on, donne de l'activité à la circulation de l'argent, & cette circulation est considérée comme me un avantage immense pour l'industrie, & le commerce d'une nation. Qu'est-ce que c'est encore que cette circulation animée, multipliée, si vous voulés, à l'infini, par ce jeu, par ce commerce continuel d'une somme énorme de signes fictifs? Il est aisé de se représenter dans de grandes villes, telles que Londres, telles que Paris, où se concentrent toutes les richesses d'une grande nation, qui sont des têtes énormes, qui s'aggrandissent & s'enflent sans cesse du suc nourricier de tous les membres du corps politique, les amaigrissent, les déssechent, les exténuent, & doivent nécessairement porter leur voracité jusques à l'entiére destruction; il est aisé, dis-je, de se représenter une pièce de monnoie qui dans un jour sert à dix ou douze païemens; & l'on croit que c'est-là en quoi consiste la circulation qui soutient la richesse nationale, & qu'on regarde comme un heureux effet du commerce ou *jeu d'actions*, c'est-à-dire de l'agiotage d'une *somme immense de dettes publiques?*

Cette richesse illusoire, cette richesse qui est uniquement formée par un papier qui n'a de valeur que celle

que

que donne l'opinion, n'est destructive de la richesse naturelle, que parce qu'elle fait sur elle toutes les fonctions du numéraire réel, qu'elle avilit, & en donnant par cet avilissement des vrais signes une valeur factice, à toute main d'œuvre & à toute production, cette richesse fictive porte partout la destruction. Plus vous donnez d'activité à la circulation de ces signes fictifs, plus vous multipliez leur disproportion infinie avec les signes réels & les valeurs réelles, & conséquemment plus vous étendez la destruction. C'est-là une conséquence infaillible de la circulation des richesses fictives, qui ne sauroit être contestée par quiconque n'est pas esclave des jeux de l'imagination.

Le crédit de l'Etat est, dit-on, un fonds de richesse presque inépuisable. Qu'est-ce encore enfin que le crédit de l'Etat? Est-ce autre chose que cet excès de confiance que vous avez donnée au public, qui lui a fait accepter l'illusion pour la réalité, illusion dont on a fait la base d'une grande puissance? J'admirerois avec vous cet édifice prodigieux, que le génie Anglois dans l'art de l'administration a élevé, com-

me

me un château d'Armide dans une décoration d'opera, si le coup de baguette, qui doit le détruire dans un moment, ne me feroit pas voir un tableau de calamités pour l'humanité.

On se trompera toujours tant qu'on prendra la circulation pour un principe productif, pendant que la circulation n'est qu'un effet de la cause productive. On se trompera bien plus lorsqu'on prendra pour un signe de la richesse nationale, la circulation qui peut naître de l'abondance des signes fictifs, & de l'agiotage qui s'en fait. Et l'on tombe encore dans une erreur funeste, lorsqu'on n'a recours qu'à des moiens artificiels, pour procurer la richesse & la puissance d'une nation, lorsqu'on ne voit ses ressources que dans le crédit de l'Etat, qui consiste dans la faculté & la facilité d'emprunter; l'on introduit ainsi sur ce principe dans l'administration un systême ruineux, destructif de la richesse de l'Etat, & l'on n'acquiert qu'une fausse richesse, qui ne sauroit donner à l'Etat qu'une puissance éphemère aux dépens de sa puissance réelle.

La circulation de l'argent, que le luxe des grands, des financiers, des emploïés, des agioteurs des dettes publiques, & de quelques capitalistes, & leurs dépenses, constituent dans une capitale, est l'effet des abus: quiconque prend cette circulation pour un signe ou pour une cause productive de la richesse, ignore ce que c'est que la circulation, & ne connoît rien à la vraïe richesse de l'Etat. Il n'y a qu'une richesse dans l'Etat, qui consiste dans l'abondance des reproductions annuelles. Cette richesse ne sauroit exister sans le secours d'une circulation, mais ce n'est point de la circulation dont vous faites l'éloge, de cette circulation concentrée dans une capitale par des opérations artificielles de la finance qui y accumulent l'argent de la nation par les abus d'une administration, qui pompent continuellement le numéraire des campagnes & détruisent sans cesse le principe productif de la vraïe richesse.

La circulation necessaire à l'entretien de la vraïe richesse, est animée & soutenue par l'industrie & le commerce, & consiste à faire reporter par les consommations l'argent de l'Etat,

des

des mains du Souverain, de celles des grands, des financiers, des emploiés, des négocians & des artisans, dans celles des cultivateurs, & cette circulation ne peut avoir lieu, si celle des productions de l'agriculture & de l'industrie n'existe pas. Cette heureuse circulation s'établira naturellement & d'elle-même, si l'aisance régne chez les cultivateurs, si les communications sont faciles, si l'industrie & le commerce étendent & soutiennent les consommations, & si les excès des impôts directs & indirects ne détruisent point le germe de la reproduction. Voilà ce qui constitue la vraie circulation, la circulation naturelle dans l'ordre politique & naturel de toute société agricole. Aucun artifice ne sauroit la produire, c'est la nature elle-même qui la produit. C'est cette circulation qui s'étend dans toutes les campagnes, partout, dans chaque canton d'une monarchie, avec une activité relative à ses productions, qui est le signe infaillible de la vraie richesse, & qui fera dire à l'homme de bon sens transporté dans le païs où elle existe : je suis chez une nation heureuse ; je vois dans la circulation

lation la preuve certaine de sa richesse, de sa puissance & de son bonheur.

Ne prétendez donc jamais vous donner cette circulation par des emprunts, par des signes fictifs. Cette circulation n'a qu'un principe, qui consiste dans les productions annuelles, animées & soutenues par la présence & l'activité de l'industrie & du commerce. Ne vous flatez pas d'établir cette circulation naturelle ou d'y suppléer par une circulation artificielle de signes fictifs, par des emprunts & du papier: par des emprunts vous forcez l'excès des impôts, & tout est perdu; par des papiers monnoïe, vous avilissez les signes représentatifs, vous donnez à tout une valeur factice, vous enchérissez toute main d'œuvre, & tout est encore perdu. Au lieu d'établir la circulation naturelle, ou d'y suppléer, vous achevez de la détruire, parceque votre artifice détruit son principe productif & ses agens.

Ce crédit que vous regardez comme un présent précieux que le génie politique a fait à l'art de gouverner les nations, qui vous donne la facilité de multiplier les emprunts à votre gré, n'est qu'un présent funeste, c'est

une

une vraïe boite de Pandore. Jettez les yeux ſur le poids des calamités qui en réſultent, ſur la deſtruction qu'il produit, & voïez enſuite s'il vous ſera poſſible de trouver quelque ſorte de bien, produit par l'uſage de ce crédit, à mettre de l'autre côté de la balance.

Arrêtons-nous au crédit le plus grand, le plus reſpectable & tant célébré, au crédit de l'Angleterre. Par les malheureux effets de l'uſage de ce crédit, on jugera ſainement des effets que ce ſecours artificiel a produit chez les autres nations emprunteuſes. Les principes ſont partout les mêmes: il n'y a de différence de l'une à l'autre nation, que dans le plus ou le moins d'excès. Pour apprécier cette partie de l'art de gouverner, nous ne trouvons presque que de la théorie dans les miniſtères de Colbert & de Sully, qui avoient prévu une partie des déſordres qui doivent être la ſuite des emprunts; & dans l'ancien miniſtère de l'Angleterre qui ignora long tems l'uſage du crédit: la fatale expérience d'un grand nombre d'années ajoutée aujourd'hui à la ſage théorie de ces grands hommes qui administroient les premieres nations de l'Europe dans le siecle dernier, sera-t-elle impuissante pour faire rejetter de l'art de l'administration ce secours artificiel?

Voici l'expérience que vous avez faite de cet art funeste. Les faits sont publics & incontestables, & les suites malheureuses & infiniment affligeantes pour l'humanité, ne le sont pas moins.

Avant l'époque des emprunts, les impôts en *Angleterre* ne montoient qu'à environ deux millions de liv. st. C'étoit le tems où à la faveur de cet impôt modéré, l'agriculture, l'industrie & le commerce prenoient le plus grand essor. L'Angleterre étoit encore dans ses beaux jours, lorsqu'avant la guerre terminée par le dernier traité d'Aix-la-chapelle, elle ne devoit qu'environ quarante millions. L'impôt augmenté en proportion n'avoit été porté qu'à environ quatre millions. Quoique l'impôt fût deja doublé alors par les opérations de la banque, dont l'institution annoncée pour enrichir l'Etat, n'a servi qu'à lui faciliter l'usage immodéré & ruineux des emprunts, on peut dire re qu'il n'étoit pas encore porté à un excès destructif de la vraie richesse de l'Etat, parceque à cette époque, le fonds des richesses solides de la nation, l'agriculture & l'industrie, avoient fait des progrès, ou proportionnés à un impôt de quatre millions, ou assez grands pour en soutenir le poids sans éprouver une destruction sensible. C'est alors que de profonds politiques de l'Angleterre annoncent à leur nation la destruction de ses richesses & de sa puissance, si jamais on porte l'impôt à plus de quatre millions qu'ils disoient être alors au dessus des forces naturelles de la nation; & que tout est perdu si la dette publique est portée un jour jusques à quatrevints millions (*a*). L'Angleterre a méprisé la prédiction: nous l'avons vue porter la dette publique jusques à plus de cent quarante millions, l'impôt à huit tout au moins, & la dépense par anticipation depuis un grand nombre d'années à cinq millions quatre cens mille livres. La prédiction se vérifie au-

(*a*) Davenant, Bollinbrock. Hume, &c.

aujourd'hui, l'industrie périt, l'agriculture est en décadence; la nation éprouve depuis plusieurs années une disette permanente; les ouvriers de l'industrie demandent du pain, ceux de l'agriculture en manquent; les mendians se multiplient à l'infini; & l'on s'occupe enfin actuellement des moyens d'arrêter les émigrations. Les papiers publics instruisent l'Europe de ces calamités depuis plusieurs années. Peut-on en voir la cause ailleurs, que dans l'excès des impôts forcé par l'excès des emprunts, par l'usage de cet artifice destructeur tant respecté, tant célébré, & dont on a tant abusé, nommé le *crédit public*? Ces maux sont réels, bien au dessus des forces de la nation qui ne peut plus en soutenir le poids, & le remède a paru jusqu'à présent au dessus des forces du génie de l'administration.

Qu'on mette de l'autre côté de la balance le bien, les avantages produits par le crédit public. L'administration britannique seroit justifiée sur l'excès des emprunts & conséquemment des impôts dont elle a accablé la nation, si elle pouvoit dire

que

que la nécessité d'une défense légitime & de conserver la patrie, l'a exigé; la loi *salus populi* peut justifier beaucoup d'excès. Mais dans toutes les guerres les Anglois ont toujours été agresseurs, ils ont voulu étendre leur empire, dominer sur toutes les mers, & dans toutes les branches du commerce de l'Europe avec les trois autres parties du monde.

L'Angleterre a fait de grandes conquêtes, des établissemens immenses à la côte d'afrique, dans l'Amérique & dans les Indes orientales. Qu'en résulte-t-il pour le bonheur de la nation ? Ces aquisitions seroient d'un prix infini, si le peuple qui constitue la nation, en étoit devenu plus heureux. Mais les avantages qui résultent de ces aquisitions, sont tels, que s'il existoit une puissance qui voulût les acheter, qui offrît pour prix de ces conquétes le rétablissement de l'état de prospérité dont la nation jouissoit avantqu'elle entreprit de les faire,, le gouvernement n'hésiteroit pas d'accepter cette offre s'il étoit possible de la réaliser, à moins qu'il ne fût frappé d'un aveu-

 gle.

glement inconcevable sur le bonheur de la nation.

(a) Cette richesse artificielle, qu'on l'a appellée *le crédit public*, n'a pas été imaginée pour se donner à son gré une vraie richesse; car l'illusion ne sauroit jamais être une réalité: mais pour accroître par le secours des richesses artificielles, les richesses réelles, c'est-à-dire les richesses territoriales & celles de l'industrie & du commerce: & par l'événement on trouvera, si l'on fait assez d'attention à l'expérience, que cet artifice n'a donné aux richesses réelles, qu'un secours funeste.

Le faste, le luxe & l'ambition ont fait naître l'idée de cette sorte de richesse: la nécessité en a ensuite étendu l'usage, & le génie l'a perfectionné; c'est-à-dire que le génie a étendu l'abus de l'illusion au dégré où il pouvoit être porté & faire le plus de mal. Les richesses artificielles sont une invention moderne de l'art de l'administration: la faculté d'em-

(a) L'intérêt de la matière exige que nous rappellions ici une partie de nos observations dans *les intérêts des nations, dévoloppées relativement ou commerce*, & dans *la richesse de l'Angleterre*.

d'emprunter a donné naissance à cette sorte de bien sans réalité, dont l'opinion seule soutient l'existence & la valeur. La première nation qui a regardé le crédit & les emprunts, comme un moyen de soutenir sa puissance, s'est en effet donné une puissance d'un moment qui a engagé les nations rivales à l'imiter, soit pour soutenir la leur, soit pour se donner la supériorité.

Qu'en est-il résulté? Toutes ces nations se sont également affoiblies par les progrès successifs de toute sorte d'impôts, que la nécessité de soutenir le poids des intérêts de leurs emprunts, leur a fait porter à un excès destructif. En sorte que l'usage du crédit n'est qu'un nouveau fleau qui s'est malheureusement introduit dans l'art de gouverner les nations. Ce fleau a également attaqué l'agriculture, l'industrie & la population, en faisant multiplier les impôts de toute espèce dans le plus grand excès; & a introduit dans la société une nouvelle classe d'hommes autrefois inconnue, qui sous le nom de *rentiers*, ne sont plus au monde que pour y vivre dans l'oisiveté aux dépens du public & consommer les fruits du travail des cultivateurs & des hommes industrieux : car tout rentier de l'Etat est un homme qui s'approprie le fruit de l'industrie & du travail du peuple, une partie des réproductions annuelles sans contribuer aux frais, ni au travail d'aucune réproduction. Toutes les puissances emprunteuses se sont donc infiniment affoiblies, & celle qui trouveroit les moïens d'une prompte libération, se donneroit nécessairement une supériorité de puissance rélative : mais trouver aujourd'hui ces moïens est le plus grand service que l'art de l'administration puisse rendre à une nation, & qu'il est le plus difficile de lui rendre.

Le corps du peuple, dont l'aisance constitue l'opulence & la force de l'Etat, participe aux richesses territoriales, aux réproductions de l'agriculture, aux richesses de l'industrie & du commerce: ces richesses l'entretiennent dans l'aisance & lui procurent sous un bon gouvernement la plus grande somme de bonheur possible. Il prend part aussi aux richesses du crédit, mais ce n'est qu'à son pré-

préjudice; ce n'est que pour en supporter le poids & se voir enlever les fruits de son travail, même jusques à ses moïens de subsistance.

Telle est la marche, & tel doit être le sort des richesses artificielles chez les nations emprunteuses. Celle qui possède la plus grande somme de ce trésor idéal, est certainement la plus pauvre. Le crédit se soutient par l'exactitude du paiement des intérêts; les intérêts se païent par les impositions sur le peuple; ces impositions, dont la sagesse du gouvernement ne peut modérer les excés, enchérissent toutes les choses nécessaires à la vie; la main d'œuvre portée à un trop haut prix, arrête la vente des marchandises; la difficulte des ventes arrête la circulation; la cherté du travail diminue les consommations, détruit l'industrie, le commerce, & l'agriculture sans laquelle il n'existe aucune valeur; les canaux qui devroient reporter l'argent au cultivateur, sont obstrués; & le germe des reproductions annuelles sans cesse affoibli, se détruit. Le corps du peuple dans un gouvernement qui tient du genre dé-

démocratique, doit enfin cesser de vouloir payer les revenus trop considérables des créanciers publics. Dans un gouvernement monarchique le corps du peuple doit cesser de pouvoir, & c'est un excès bien plus malheureux encore, puisqu'il annonce la destruction. Dans l'un & l'autre cas la banqueroute forcée dissipe les richesses artificielles, & les richesses réelles se trouvent tout au moins infiniment détériorées. L'édifice naturel ne présente plus que des ruines causées par le passage momentané du système artificiel. Telle doit être la fin de l'usage du crédit public, auquel la rivalité qui tient sans cesse les nations emprunteuses dans un état de guerre, ne permet point de mettre des limites qui pourroient prévenir la destruction.

Il est un autre crédit public bien différent, qui est aussi nécessaire, aussi utile à la prospérité de l'Etat, que l'usage du crédit qu'on emploie à faire des emprunts au nom & pour le compte de l'Etat, est nuisible & destructif. Ce crédit consiste dans la confiance générale établie & nécessaire dans un Etat, qui fait qu'un ci-

to-

toyen ne craint point de confier à un autre citoyen une partie de sa fortune. Pour bien connoître l'influence qu'a ce crédit sur l'aisance, sur le bonheur d'une nation, & combien il importe de l'entretenir, il faut se représenter un moment le revenu actuel ou possible d'un grand Etat, tel que la France. On peut estimer les productions naturelles & d'industrie de la France à quatre milliards par année, & supposer environ douze cens millions de numéraire dans la circulation pour représenter ces quatre milliards de valeurs. On voit ici une disproportion de près des trois quarts entre la somme de signes représentatifs & la somme de valeurs qui doit être représentée. La disproportion sera bien plus grande encore, si l'on ajoute à ces quatre milliards de réproductions annuelles de l'agriculture & de l'industrie, la somme des valeurs des productions étrangères importées, tous les ans, dans l'Etat. Si l'on déduit de cette somme de douze cens millions de signes représentatifs, celle qui est nécessairement employée à représenter les productions importées; & si l'on ajou-

te

te encore à cette déduction la somme immense divisée dans toutes les caisses de l'Etat, qui ne représente que l'impôt, on trouvera que la somme de signes représentatifs ne montera pas au quart de la somme des valeurs qui doit être représentée. Ajoutons encore à cette somme de quatre milliards de réproductions annuelles de l'agriculture & de l'industrie, la main d'œuvre dont le prix en France monte dans l'année à plus de deux milliards : & l'on trouvera alors que la somme de signes représentatifs ne monte qu'à environ un sixième de la somme des valeurs qu'elle doit représenter. (*a*)

Les cultivateurs vendent au comptant leurs réproductions annuelles, &

(*a*) On prétend qu'il y a en France quatre millions de familles habitant les campagnes ou les villes, & donnant à l'Etat huit millions d'ouvriers de toute espéce des deux sexes. On apprécie la journée de tous ces ouvriers à 18 sols l'un dans l'autre, d'où l'on conclut que le travail de la nation monte par jour à sept millions deux cens mille livres, ce qui fait pour l'année entière composée de deux cens quatre vingts jours ouvrables, deux milliards un million six cens mille livres.

& la main d'œuvre se paie presque toute entière aussi comptant ou à des termes si courts, qu'on doit regarder le paiement comme comptant. Les négocians qui achetent les productions naturelles, & les artisans ou manufacturiers doivent nécessairement avoir à leur disposition de grandes sommes de crédit pour être en état de faire ces paiemens comptant, & en même tems d'attendre l'occasion de vendre à leur tour; & assez de crédit encore pour vendre à terme, les manufacturiers sont aussi obligés de vendre à de longs termes aux détailleurs, & ces derniers ne vendent que fort peu de marchandises comptant aux consommateurs. Cependant un sixième de signes de la somme totale de toutes ces valeurs suffit pour les faire passer des mains des propriétaires aux consommateurs avec toute l'activité & les avantages nécessaires qui animent & soutiennent les reproductions annuelles avec une égale abondance, ou même avec de nouveaux accroissemens. Mais cette somme de signes & une bien plus grande ne sauroit suffire, sans le secours de la somme immense de crédit qui repréſente continuellement une ſomme immenſe de ſignes réels, ou qui en tient lieu pour faire tranſporter & circuler toutes les réproductions annuelles & les faire parvenir aux conſommateurs. C'eſt de la circulation des productions de la nature & de l'art, que dépend la vie & la force de l'Etat. Tout eſt donc perdu ſi cette ſomme de crédit eſt détruite, & tout ſouffre & porte un contrecoup au germe des réſproductions annuelles & par conſéquent de la vraïe richeſſe de la nation, ſi ce crédit eſt altéré ou ſuſpendu. Ce crédit bien établi & bien entretenu multiplie à l'infini les fonctions du numéraire, donne le mouvement à la circulation des productions, rend les impôts moins ſenſibles, en facilite la perception, ainſi que celle des revenus des grands propriétaires. Si au contraire ce crédit eſt altéré, la circulation eſt alors interceptée ou ralentie, & les productions invendues ſont à charge aux propriétaires, qui ne peuvent plus vivre, païer leurs charges & les impôts que par des ventes forcées & ruineuſes. La perte du crédit détruit non ſeulement la reſſource des ſubſides extra-

or-

ordinaires; elle attaque aussi les revenus ordinaires, la source de tout revenu public & particulier; les consommations se resserrent, les nonvaleurs deviennent inévitables, & se multipliant sans cesse, elles augmentent encore les besoins: c'est alors que les besoins naissent des besoins, & que l'Etat est sur la route de la destruction. Trouver alors le principe d'un nouveau crédit dans une operation de finance, dont l'équité & la sagesse ne puissent être contestées, dans une opération qui ne présente aux peuples, que la sage prévoïance d'une administration éclairée & les effets d'une protection nécessaire, c'est l'un des plus grands services que l'heureux génie d'un grand ministre puisse rendre à sa patrie.

Pour mieux connoître l'importance de ce crédit, & sa différence avec ce phantôme appellé *le crédit de l'Etat*, dont on a tant abusé, jettez un coup d'œil sur le commerce & sur sa marche. Tout l'argent de l'Etat est dans les mains du peuple, & la consommation du peuple est l'unique objet du commerce: or le peuple ne consomme pas tout dans un jour; il faut du tems pour faire renaître les besoins; le marchand fait provision de toutes les marchandises, dont il fait le commerce, il en proportionne la quantité au tems qu'il pense qu'en durera la consommation. Le marchand est donc obligé d'attendre l'argent du peuple, & dès là forcé de faire attendre le païement à son vendeur. Changez cet ordre, vous rendez le commerce impraticable, vous mettez le marchand hors d'état de s'approvisionner & de s'assortir à tems des différentes espèces de marchandises qu'il a accoutumé de vendre; vous lui rendez sa maison, ses magasins, ses établissemens, son industrie inutiles; vous le ruinez & vous exposez le peuple à manquer de tout (*a*).

Cet argent du peuple que ses besoins journaliers font passer entre les mains du marchand, est l'unique fonds du commerce, & il ne peut être remplacé par aucun autre. En effet qu'on fasse attention à la manière dont l'argent se répand dans ses diverses circulations, on verra qu'il n'existe jamais

---

(*a*) Voyez nos observations dans les intérêts des nations &c.

mais nulle part en ſommes conſidérables ramaſſées tout-à-la fois, même chez les perſonnes les plus riches; mais qu'il eſt continuellement diſperſé dans mille & mille mains, où il ne s'arrête qu'un inſtant, & ſeulement autant qu'il faut pour ſubvenir aux dépenſes des familles, aux frais de la culture des terres, aux ſalaires des ouvriers des manufactures, &c. Plus ces objets auront d'étendue, plus ſans doute il faudra d'argent, mais ce ne ſera que pour le répandre plus rapidement & avec plus d'abondance: & ce qu'un homme riche à la tête d'une grande entrepriſe, aura de plus qu'un autre, ce ſeront des effets en plus grande quantité, un plus grand nombre de débiteurs, beaucoup plus de billets & de lettres de change; mais peu ou presque point d'argent comptant.

La vivacité de cette circulation eſt encore plus ſenſible dans les recettes & les dépenſes d'un Etat. Les Souverains levent chaque année des ſommes immenſes ſur leurs ſujets, & ces ſommes à peine reçues, refluent chez les ſujets par des millions de cannaux, qui les reportent aux lieux mêmes d'ou elles ſont ſorties.

Nulle somme d'argent n'est mise en reserve. Si l'économie en fait quelque amas, ce n'est qu'en vue de le placer tout-à la fois dans des acquisitions: les acquisitions une fois faites, l'argent rentre dans la circulation, parceque le vendeur du fonds ne s'en défait que pour païer des dettes ou l'emploïer à quelque objet d'industrie ou de commerce.

Si ce mouvement venoit à être suspendu par quelque accident, le corps de l'Etat tomberoit tout à coup dans une langueur mortelle. L'argent est le ressort qui met en action tous les arts, tous les talens, toute l'industrie du peuple. Eh! que deviendroit un Etat où les plus riches accumulant des trésors, laisseroient languir le peuple dans l'oisiveté?

Il est donc certain que tout l'argent est entre les mains du peuple; que c'est-là où il est vraiement utile; que plus il passe rapidement d'une main à l'autre, plus l'Etat a de mouvement & de vie; & que comme la force & le bonheur de l'Etat dépendent infiniment de cette circulation, le gouvernement doit faire tous ses efforts

pour

pour l'entretenir & l'augmenter; ou la retablir si quelque événement l'a interrompue.

Ceux qui ne connoissent pas assez le commerce & la nécessité de cette circulation, croient que les négocians ont un fonds particulier & indépendamment de l'argent du peuple, & qu'avec ce fonds qui leur est propre, ils font leurs achats & les paiemens de leurs entreprises: ils se répresentent des caisses toujours pleines, qui ne s'ouvrent que pour les besoins du commerce. C'est une erreur: les négocians n'ont jamais d'argent en reserve; tout ce qu'ils en ont, est dispersé chez les ouvriers, les artisans, les propriétaires des terres, les entrepreneurs des manufactures, chez tous ceux qui fournissent au commerce ses divers objets. Il est vrai que cet argent reviendra au négociant qui l'a distribué, par les nouvelles ventes qu'il fera au peuple; mais toujours avec la lenteur des diverses consommations, auxquelles il faut nécessairement donner un tems suffisant.

C'est ce tems, c'est cette attente de la consommation, qui établit la nécessité indispensable des crédits: il faut que le commerce reprenne des mains du peuple cet argent même qu'il y a mis. Or le peuple ne lê rapporte que peu à peu & à proportion de ses besoins.

Voiez le nombre & la valeur des objets qui entrent tout-à la fois dans le commerce. De combien excédent-ils la quantité numéraire de l'argent du peuple, au moins de celui qui se porte au commerce dans le tems précis de ses achats?

Il faut observer que l'argent ne se répand chez le peuple que successivement & par petites parties: depuis le citoyen le plus riche qui vit de ses rentes ou du produit de ses terres, jusqu'à l'artisan & le laboureur, personne ne reçoit dans un jour tout l'argent qu'il dépensera dans le cours d'une année. Ainsi la masse actuelle de l'argent du peuple, rélativement au commerce, est ordinairement très-modique: car on ne peut pas compter pour argent du peuple, celui qu'il n'a pas encore, ou celui qu'il ne rendra au commerce que long tems après l'avoir reçu.

Cependant les négocians & les marchands peuvent-ils attendre des ressources si lentes? Il faut que les achats se fassent, que les magasins se remplissent à tems, que le manufacturier s'approvisionne de matières, que les vaisseaux s'expédient. Où prendre tout l'argent comptant nécessaire à des entreprises si fortes? & s'il n'existe pas, ou ce qui revient au même, si la valeur des effets surpasse de beaucoup les sommes que le peuple reporte au commerce dans le moment des achats, comment suppléera-t-on le surplus, si ce n'est par le crédit, par les billets, les lettres de change & tous les autres contracts de commerce qui représentent le numéraire & qui suppléent si heureusement à son insuffisance pour faire circuler toutes les productions avec toute l'abondance & l'activité que le demandent les besoins respectifs de l'Etat & de tous ses sujets?

C'est-là la source des billets, des lettres de change & de tous les autres papiers de commerce que la nécessité du crédit a introduits, & dont les négocians font un usage aussi facile que de l'argent même. C'est cette confiance généralement répandue dans un Etat, qui fait qu'un citoyen ne craint pas de confier une partie de sa fortune à un autre citoyen, c'est ce crédit, qui donne cette valeur si nécessaire aux papiers de commerce; qui leur attribue si heureusement toutes les fonctions de l'argent: c'est ce crédit qui fait circuler l'argent, qui le transporte là où sa présence est nécessaire.

On ne connoîtroit qu'imparfaitement l'utilité des papiers de commerce, si l'on ne considéroit que cette seule fonction, qui consiste à représenter l'argent pour en faciliter le transport & la circulation. Les lettres de change ont un autre avantage qui n'est ni moins utile, ni moins indispensablement nécessaire au commerce. Ce papier est l'instrument de ce fonds immense de crédit avec lequel le commerce multiplie tous les jours ses opérations à l'infini. C'est par ce crédit que les négocians avec un fonds réel très-limité, multiplient sans cesse leurs affaires, font un commerce très-étendu, entretiennent la circulation des denrées & des marchandises dans l'activité nécessaire pour en faciliter la vente aux propriétaires, & les procurer aux consommateurs avec abon-

dance

dance & de la manière la plus avantageuse. Cette circulation est d'une nécessité absolue, & le crédit qui l'anime & la soutient n'est cependant qu'une affaire d'opinion : & pour que cette opinion, pour que cette confiance se soutienne elle-même, il faut que l'argent se trouve exactement au lieu où le papier doit être païé. Si l'argent se resserre, l'inexactitude survient dans le paiement du papier, & dèslors la confience est détruite ; le crédit disparoit, & la circulation n'a plus d'agent qui l'anime, les achats & les ventes cessent & tout s'appauvrit dans l'Etat.

Tel sera l'effet de toute opération du gouvernement qui altérera la confiance, la seule base du crédit, qui est un des liens des plus nécessaires & des plus intéressans de la société.

Les opérations qui altérent la valeur des monnoïes, celles qui font passer chez l'étranger une partie des impôts pour païer des intérêts, l'excès des impôts qui détruit le germe des réproductions annuelles, les impôts qui font resserrer les consommations, ceux qui pompant sans cesse l'argent des mains du peuple, obstruent les

ca-

canaux qui devroient le lui reporter; les affaires de finance, les entreprises qui concentrent toutes les richesses, tout le numéraire d'une nation dans la capitale ou dans les mains des financiers; toutes les opérations de cette nature répandent chez une nation une méfiance qui faisant craindre l'impuissance des débiteurs, fait resserrer l'argent & détruit le crédit qui est l'ame de son commerce & de sa circulation. Vous ne sauriez y suppléer par des signes fictifs. Car s'ils ont quelque solidité, ils représentent une dette de l'Etat, donnent lieu à l'excès de l'impôt, à la cherté de toute main d'œuvre & de toute production, font resserrer les consommations & par conséquent la circulation. S'ils ne représentent pas une dette, ils ne signifient rien; la circulation refuse de s'en charger.

Que faire, dira-t-on, dans un Etat où l'on prévoit un besoin pressant de cent millions plus ou moins, pour soutenir le poids d'une guerre, & la difficulté ou même l'impossibilité de trouver ce secours dans des emprunts, ni dans de nouveaux impôts, qui se trouvent deja portés à un excès de-

struc-

ſtructif? Un miniſtre fait une création de billets monnoye pour pluſieurs millions, auxquels il donne les mêmes fonctions qu'au numéraire réel en en aſſurant la circulation dans toutes les caiſſes de l'Etat. Cela eſt poſſible, & il en réſulte certainement un emprunt de cette ſomme ſans intérêt & en même tems un ſecours donné à l'Etat. Cela eſt ſans difficulté.

En eſt-il moins vrai que ce n'eſt-là qu'un ſecours artificiel; que s'il eſt indiſpenſable de le donner à l'Etat, il doit être rigoureuſement contenu dans les limites les plus étroites & ne doit être que momentané, & qu'autrement tout eſt perdu?

Aucune nation ne peut ſe donner ſans inconvénient une ſomme de numéraire à ſon gré par une fiction. La France l'a fait autrefois, on n'a point encore oublié les déſordres infinis qui en furent la ſuite. La Suede a beſoin de toute la force du génie de ſon Roi pour réparer les calamités que ſa banque a répandues ſur la nation. L'Angleterre, la nation qui a le plus abuſé de l'illuſion, doit néceſſairement ſuccomber ſous le poids énorme qu'elle s'est imposée. Il résulte infailliblement d'une création de signes fictifs une augmentation de prix de main d'œuvre & de toutes les productions dans l'intérieur, conséquemment la destruction de l'industrie & du commerce. Il en résulte encore que l'étranger pompe sans cesse le numéraire réel. La raison en est bien simple : la nation qui a des papiers monnoie, doit nécessairement aux étrangers ; elle ne peut les payer qu'en argent, & comme la somme qui compose sa circulation est à peu près toujours égale, si elle étoit de 1200 millions avant la création de ses papiers monnoie, si cette création est de 100 millions, elle aura incessamment 100 millions de numéraire de moins, dont les cent millions de papier auront pris la place ; ensorte que si elle avoit créé une somme en papier égale à celle de son numéraire réel, bientôt elle n'auroit presque plus que du papier au lieu d'argent dans sa circulation. C'est ce qui est arrivé à la Suede

Nous ne pouvons, dira-t-on, nous dissimuler tous ces inconvéniens, nous y sommes sensibles, mais nous

nous le sommes beaucoup plus au besoin pressant du moment de cent millions ; & la nécessité nous oblige de nous livrer à la ressource d'un secours qu'il est si facile de nous donner.

Donnez-vous le donc ce malheureux secours, si vous n'avez point d'autre moïen de sauver l'Etat. Car si vous étes obligé de sacrifier la moitié de votre fortune pour sauver l'autre, il faut bien vous y résoudre. Mais du moins ne cessez pas de regarder ce secours, comme un secours artificiel & destructif, que vous ne sauriez contenir dans des limites trop étroites & dont vous ne sauriez trop abréger la durée: & que la nécessité de procurer le bien de l'Etat en lui faisant beaucoup de mal, porte votre attention sur les moïens de lui faire un bien infini sans lui faire aucun mal, & de trouver bientôt dans son opulence naturelle tous les secours réels dont il peut avoir besoin. C'est dans la vraïe richesse de l'Etat que vous les trouverez toujours ces secours avec facilité & sans appauvrir l'Etat.

Par

Par la conversion en un équivalent en fruits, de toutes les contributions qui tiennent vos cultivateurs dans l'oppression, détruisent sans cesse dans leurs mains le germe des reproductions annuelles & les détruisent eux-mêmes ; vous aurez bientôt doublé & triplé la somme des productions de votre territoire, vous jetterez les fondemens solides de la plus grande abondance : l'industrie & le commerce ne vous demandent alors que peu de soins pour animer, pour encourager l'agriculture, pour donner la vie à tout, pour vous assurer l'opulence & la plus grande prospérité. Alors l'impôt sur les cultivateurs sera doublé & triplé sans gêne & sans altérer leur aisance. L'impôt qui enleve aujourd'hui quatre mesures de blé au cultivateur, prend sur sa subsistance & le détruit, parcequ'il n'en recueille que 20. Il paiera alors douze mesures aulieu de quatre, parcequ'il en recueillira soixante aulieu de vint. C'est ainsi que l'impôt en augmentant progressivement en proportion d'une meilleure culture & d'une plus grande somme annuelle d'industrie & de productions, chez

chez le cultivateur, & devenant très riche pour l'Etat, eſt infiniment plus leger pour le cultivateur: car plus il paye à l'Etat, plus il eſt dans l'aiſance. Non ſeulement l'impôt ne portera plus ſur ſa ſubſiſtance, mais il lui laiſſera encore un grand ſuperflu. Les impôts indirects récevront progreſſivement d'eux-mêmes un accroiſſement proportionnel ſans deſtruction, par l'augmentation infinie du luxe & des conſommations. Le produit des finances ſe trouvera tout au moins doublé ſans le ſecours d'aucun nouvel impôt, ni d'aucun droit additionnel. Quels beſoins imprévus pourroit-on ſuppoſer audeſſus des forces naturelles d'une grande Monarchie miſe dans cette heureuſe ſituation? Seroit-on jamais dans la néceſſité de recourrir à ces ſecours artificiels toujours ruineux, toujours deſtructifs, & qui annoncent la foibleſſe? Les réſſources de l'Etat ſont naturelles, abondantes & leur richeſſe ſe renouvelle tous les ans: le miniſtere y trouve tous les ſubſides extraordinaires pour répondre aux plus grands beſoins, ſans détruire l'opulence; & s'il étoit enfin obligé de faire un emprunt, ce ne seroit jamais qu'un emprunt momentané des fonds même de la nation.

§. 17. Département des finances.

Si l'on parcourt avec un peu d'attention toutes les différentes branches de l'administration sur lesquelles le ministre des finances doit avoir sans cesse les yeux ouverts, on sera convaincu qu'il est impossible de diviser cette administration & de former des finances, & de l'industrie & du commerce, deux départemens indépendants, sans nuire de mille manières à ce qu'on appelle proprement les finances, & en même tems à l'agriculture, à l'industrie & au commerce. Comment seroit-il possible au ministre des finances, qui doit voir la source de la finance dans l'agriculture & dans ses agens, l'industrie & le commerce, de leur donner tous les secours & tous les encouragemens qui doivent les animer & les entretenir dans la plus grande activité, si ces trois objets, les plus importants de l'administration de l'Etat, sont dans le département d'un autre ministre? Et le ministre du commerce qui se trouve si souvent en contradiction avec la finance, qui a si souvent besoin, que la finance lui sacrifie ses intérêts du moment; obtiendra-t-il facilement tous les secours nécessaires que la finance doit à l'agriculture, à l'industrie & au commerce? Ces différentes branches de l'administration, l'agriculture, l'industrie, le commerce & les finances, doivent être confiées à différentes mains dans les détails: un seul homme ne sauroit suffire au travail que demandent des objets si étendus. Mais cette administration ainsi divisée dans un grand détail, exige un point de réunion, & ce point de réunion ne peut se trouver que dans le génie d'un seul homme qui voit l'ensemble de tous les détails & la chaîne qui lie l'agriculture, l'industrie, le commerce & les finances, tellement qu'il semble qu'on ne peut les distinguer & les voir séparément, que pour mieux connoître & assurer leur concours, qui seul procure l'opulence, la force d'un Etat & le bonheur d'une nation.

§. 10. Départe-ment des finances.

Le ministre des finances a un systême profondément réfléchi. Son systême embrasse toutes les branches de l'administration qui tiennent de

§. 11. Conclusion.

plus près au bien de la patrie & de l'humanité, & dont l'ensemble est la source de la prospérité qu'il veut procurer à l'Etat. Il rejette tout système compliqué, chargé d'un dédale de droits ou de frais énormes. Son système simple, d'une exécution facile & peu dispendieuse, ramene tous les intérêts personnels répandus dans l'administration des finances, de l'industrie & du commerce, à l'intérêt de son Souverain & de sa nation. Il n'admet point de ces ressources qui bientôt n'en laissent aucune, de ces secours momentanés qui pour pourvoir aux besoins d'un moment, surchargent l'Etat d'un nouveau fardeau, préparent pour un avenir très-prochain, de nouveaux besoins, & détruisent enfin la source de la prospérité & de la puissance de l'Etat. Il méprise tous ces petits expédiens presque toujours ruineux, qui consistent dans de nouveaux impôts, ou dans des opérations qui font passer l'argent répandu dans l'Etat, dans la caisse du Souverain. Il laisse les petites ressources aux génies bornés. Il fait accroître les revenus de la finance par les voyez naturelles, il fait l'enri-

ri-

richir par les richesses de sa finance, par la richesse du territoire, & par le territoire créé pour ainsi dire de nouvelles richesses. Si l'Etat se trouve tellement surchargé de dettes, qu'il soit impossible d'y rétablir la prospérité par la richesse de la finance, par les ressources du territoire qui font la vraie richesse de l'Etat, le ministre voit que toutes les ressources de la politique la plus éclairée ne sauroient rappeller la prospérité, & qu'il faut alors diminuer les charges publiques, puisque les charges publiques détruisent l'Etat.

[illegible] pourvoir aux besoins d'un moment, [illegible] genent l'Etat d'un nouveau fardeau, préparent pour un avenir très-prochain, de nouveaux besoins, & détruisent enfin la source de la prospérité & de la puissance de l'Etat. Il méprise tous ces petits expédiens presque toujours ruineux, qui consistent dans de nouveaux [illegible], & dans des opérations qui font passer l'argent répandu dans l'Etat, dans la caisse du Souverain; il laisse les petites ressources aux génies bornés. Il fait accroître les revenus de la finance par les voyes naturelles, il fait l'en-

www.ingramcontent.com/pod-product-compliance
Ingram Content Group UK Ltd.
Pitfield, Milton Keynes, MK11 3LW, UK
UKHW020300230726
13925UKWH00001B/148